D1197094

Les vertus
miraculeuses du
miel

Design graphique : Christine Hébert
Infographie : Chantal Landry
Révision : Sylvie Massariol
Correction : Élyse-Andrée Héroux et Caroline Hugny

Catalogage avant publication de Bibliothèque et
Archives nationales du Québec et Bibliothèque
et Archives Canada

Crépeau, Catherine

Les vertus miraculeuses du miel
Comprend des réf. bibliogr.
ISBN 978-2-7619-3620-0

1. Miel. 2. Miel (Aliment). 3. Apithérapie.
4. Produits du rucher. I. Titre.

TX560.H7C73 2013   641.3'8   C2013-940567-4

Gouvernement du Québec – Programme de crédit d'impôt pour
l'édition de livres – Gestion SODEC – www.sodec.gouv.qc.ca

L'Éditeur bénéficie du soutien de la Société de développement des
entreprises culturelles du Québec pour son programme d'édition.

 **Conseil des Arts   Canada Council
du Canada   for the Arts**

Nous remercions le Conseil des Arts du Canada de l'aide accordée
à notre programme de publication.

Nous reconnaissons l'aide financière du gouvernement du Canada
par l'entremise du Fonds du livre du Canada pour nos activités
d'édition.

04-13

© 2013, Les Éditions de l'Homme,
division du Groupe Sogides inc.,
filiale de Québecor Média inc.
(Montréal, Québec)

Tous droits réservés

Dépôt légal : 2013
Bibliothèque et Archives nationales du Québec

ISBN 978-2-7619-3620-0

DISTRIBUTEURS EXCLUSIFS :

Pour le Canada et les États-Unis :
MESSAGERIES ADP*
2315, rue de la Province
Longueuil, Québec J4G 1G4
Téléphone : 450-640-1237
Télécopieur : 450-674-6237
Internet : www.messageries-adp.com
* filiale du Groupe Sogides inc.,
  filiale de Québecor Média inc.
Pour la France et les autres pays :
INTERFORUM editis
Immeuble Paryseine, 3, allée de la Seine
94854 Ivry CEDEX
Téléphone : 33 (0) 1 49 59 11 56/91
Télécopieur : 33 (0) 1 49 59 11 33
Service commandes France Métropolitaine
Téléphone : 33 (0) 2 38 32 71 00
Télécopieur : 33 (0) 2 38 32 71 28
Internet : www.interforum.fr
Service commandes Export – DOM-TOM
Télécopieur : 33 (0) 2 38 32 78 86
Internet : www.interforum.fr
Courriel : cdes-export@interforum.fr
Pour la Suisse :
INTERFORUM editis SUISSE
Case postale 69 – CH 1701 Fribourg – Suisse
Téléphone : 41 (0) 26 460 80 60
Télécopieur : 41 (0) 26 460 80 68
Internet : www.interforumsuisse.ch
Courriel : office@interforumsuisse.ch
Distributeur : OLF S.A.
ZI. 3, Corminboeuf
Case postale 1061 – CH 1701 Fribourg – Suisse
Commandes :
Téléphone : 41 (0) 26 467 53 33
Télécopieur : 41 (0) 26 467 54 66
Internet : www.olf.ch
Courriel : information@olf.ch
Pour la Belgique et le Luxembourg :
INTERFORUM BENELUX S.A.
Fond Jean-Pâques, 6
B-1348 Louvain-La-Neuve
Téléphone : 32 (0) 10 42 03 20
Télécopieur : 32 (0) 10 41 20 24
Internet : www.interforum.be
Courriel : info@interforum.be

Catherine Crépeau

Les vertus
miraculeuses du
miel

LES ÉDITIONS DE
L'HOMME
Une société de Québecor Média

Origine

et propagation du miel dans le monde

« Le bon miel est plus sucré que le sucre. »

Bernardin de Saint-Pierre

Les premières traces de l'utilisation du miel par l'homme remontent à la fin du Paléolithique, il y a entre 10 000 et 12 000 ans, bien avant qu'on ne donne un nom à cette substance sucrée fabriquée par les abeilles.

En Afrique du Sud et au Zimbabwe, des peintures montrent qu'on cueillait le miel sauvage dès la fin de la période des glaciations. Dans la grotte de l'araignée, en Espagne, une fresque datant de 7000 ans av. J.-C. représente une silhouette humaine aux abords d'un trou dans lequel se trouve un nid d'abeilles. Un panier ou un récipient dans une main, elle semble, de l'autre, saisir des rayons de miel. Ces témoignages nous montrent comment nos ancêtres récoltaient le miel produit par les abeilles sauvages dans les troncs d'arbres ou les cavités profondes des rochers où elles installaient leur nid.

À cette époque, la découverte de l'effet calmant de la fumée sur les abeilles facilita la récupération du miel. Une peinture découverte en Rhodésie montre comment les chasseurs de miel enfumaient les abeilles à l'aide d'une torche pour les éloigner de leur nid. Une fois la colonie localisée, les chasseurs grimpaient de branche en branche jusqu'à l'entrée de la ruche, qu'ils enfumaient avant de plonger la main dans le nid ou d'abattre l'arbre pour extraire les rayons chargés de miel et de couvains (des rayons qui contiennent les œufs et les larves de l'insecte). Cette technique se rapproche de celles utilisées encore aujourd'hui en Afrique, dans l'Himalaya ou en Amazonie pour récolter le miel sauvage.

Des chercheurs ont également trouvé des restes de cire dans des récipients en céramique qui attesteraient de son utilisation, il y a plus de 10 000 ans, en pharmacopée et pour l'éclairage. L'homme croyait alors que les abeilles ne faisaient que transporter le miel depuis les corolles des fleurs jusqu'à leurs ruches. Voilà pourquoi elles portent le nom scientifique d'*Apis mellifera*, soit «abeille porteuse de miel».

Au fil du temps, l'humain a compris que l'abeille transforme le nectar, et qu'il était sans doute plus facile d'attirer les butineuses que de les pourchasser. Le chasseur de miel est donc devenu chasseur d'essaim. Ainsi, au lieu de récolter le miel en détruisant une partie de la colonie d'abeilles, il s'est mis à capturer les essaims pour les installer dans des ruches rudimentaires ou, tout simplement, à rapporter le tronc de l'arbre où se trouvait le nid.

Protection, rituels et mauvais œil

Selon une croyance populaire roumaine, le miel protégerait du mauvais œil et de la maladie. La fête de Marina, une vierge martyre du IVe siècle, donnait lieu à de nombreux rituels, dont celui de barbouiller de miel le front et les tempes des enfants afin de les protéger de la variole. Le 20 juillet est encore aujourd'hui une journée de rassemblement folklorique. ◆

LES DÉBUTS DE L'APICULTURE

La découverte en 2007 de ruches vieilles de 3000 ans dans les ruines de Rehov, dans le nord d'Israël, témoigne d'une apiculture organisée dès l'Antiquité. Les premiers apiculteurs s'emparaient des essaims sauvages et les installaient dans des ruches faites de paille, de torchis ou de poterie.

Des scènes gravées ou peintes sur les murs de temples égyptiens, à l'époque de l'Ancien Empire, 2400 av. J.-C., montrent des ruches qui ressemblent à des vases d'argile que l'on empile les uns sur les autres, ainsi que des enfumoirs en terre cuite. À l'époque, les apiculteurs transportaient les ruches sur le Nil ou à dos de chameau afin de trouver les emplacements où les fleurs étaient le plus productives. C'est le début de la transhumance.

On distingua dès lors deux sortes de miel : le plus cher et le meilleur, récolté sous les ruches, d'où il tombait, et un miel de moindre qualité, obtenu après le broyage des ruches d'abeilles.

En Europe, jusqu'au Moyen Âge, on se contentait souvent d'abattre l'arbre et de rapporter au village la partie du tronc peuplée d'abeilles. Une fois la « ruche-tronc » pleine de miel, on asphyxiait la colonie pour s'approprier le miel et la cire. Les apiculteurs espéraient qu'un nouvel essaim repeuplerait la ruche l'année suivante, attiré par les phéromones déposées par la colonie précédente.

L'ÉVOLUTION DE LA RUCHE

Les «ruches-troncs», qui dataient de la préhistoire, ont peu à peu cédé leur place à la ruche faite d'écorce de chêne-liège ou de chaume, puis à des caisses à planches verticales. L'adoption d'une croix de bois offrant une charpente aux abeilles pour l'aménagement des rayons représente une étape importante dans l'évolution des ruchers. Au XIIIᵉ siècle en Italie et au XVIIᵉ siècle en Angleterre apparaissent les premières ruches à rayons fixes, qui laissent plus de place pour le couvain et les réserves de miel. À l'époque, le miel est consommé avec la cire ou extrait par pressage.

Suivra, au milieu des années 1800, la ruche «à cadres mobiles» composée de pièces de forme variable (ronde, triangulaire, carrée) que l'apiculteur peut déplacer sans gêner toute l'activité du nid. L'invention a l'avantage de faciliter la vie des abeilles puisqu'elles n'ont qu'à compléter des alvéoles préconstruites. Depuis, les apiculteurs ont appris à manipuler les colonies d'abeilles pour obtenir plus de miel et à déplacer leurs ruches pour bénéficier des différentes cultures environnantes.

LES PREMIÈRES UTILISATIONS DU MIEL

Dans le delta du Nil et en Mésopotamie, on utilise le miel pour sucrer et conserver les aliments depuis plus de 4500 ans, si on en croit les papyrus égyptiens de l'époque. On s'en servait alors, entre autres, pour confire les fruits et les légumes, ou on le mélangeait à du vinaigre et à de la moutarde pour conserver la viande. Au Ve siècle, l'historien Hérodote écrit que les Grecs qui avaient chassé le faisan dans ce qui est l'actuelle Géorgie immergeaient leurs prises dans des amphores remplies de miel pour le voyage de retour.

Au Xe siècle, les Chinois pétrissaient un mélange de farine et de miel pour en faire le *mi-kong,* ou « pain de miel ». Les Européens ont découvert ce pain de froment auprès des Arabes au moment des croisades, au Moyen Âge. Séduits, ils rapportèrent la recette chez eux ; c'est ainsi qu'est né notre pain d'épices. Au nord du Sahara, les gâteaux étaient trempés de miel, comme les galettes des Indiens hopis du Nouveau-Mexique. Dans la tradition musulmane, on se servait du miel comme édulcorant dans une liqueur digestive à base de cannelle, de clous de girofle, de vanille, d'eau de rose et de fleur d'oranger, colorée en rouge avec de la cochenille.

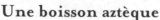

Une boisson aztèque
Dans la civilisation aztèque, le miel figurait au menu du petit-déjeuner, dans une boisson au cacao mêlée de miel, de piment et de vanille. ◆

Le miel et les symboles religieux

Le miel a longtemps été considéré comme une denrée rare réservée aux cultes religieux, aux repas des nantis et à des utilisations médicinales. Pour les Égyptiens, les Grecs et les Romains de l'Antiquité, c'était la «nourriture des dieux». À ce titre, il était utilisé pour vénérer les dieux, dans les cérémonies de baptême, pour nourrir les animaux sacrés et pour embaumer les morts.

Les Grecs déposaient des jarres de miel et d'huile autour du bûcher avant l'incinération des défunts, ou couvraient leur corps de parfum et de miel. En Assyrie, 2000 ans av. J.-C., les corps des morts célèbres étaient vernis à la cire, puis embaumés dans le miel, une coutume qui s'est perpétuée en Grèce pendant 20 siècles. Cette pratique s'explique par les valeurs associées alors au miel, dont celles liées à la renaissance de l'âme. Le miel entrait aussi dans la composition de parfums et de fards qui servaient à embellir la statue d'un dieu ou d'un défunt en la rendant plus brillante.

Dans le judaïsme, le miel est depuis toujours symbole de douceur. Dans la Bible, il est associé au don de prophétie : Jean le Baptiste se nourrit de miel et Samson en trouve dans la carcasse d'un lion. Les Anciens Hébreux voyaient la terre promise comme celle «où coulent le lait et le miel». L'Ancien Testament en fait mention pas moins de 21 fois ! On peut vraisemblablement y voir un lien avec le fait que les premiers chrétiens offraient un mélange de lait et de miel aux nouveaux baptisés. L'Église catholique a utilisé le miel et le lait pour l'Eucharistie jusque vers l'an 600.

Divines abeilles
Les Égyptiens de l'Antiquité croyaient que les abeilles étaient nées des larmes de Rê, le dieu solaire, qui les avait répandues sur terre. En Inde, pendant très longtemps, on a donné un peu de miel aux nouveau-nés pour les placer sous la protection de la déesse Parvati. ◆

L'islam, pour sa part, considérait le miel comme un médicament. On trouve de nombreux hadiths – communications du prophète Mahomet – faisant référence au pouvoir de guérison du miel, notamment pour les maux de ventre. Le prophète recommandait d'ailleurs deux remèdes : le miel et le Coran, dans lequel on peut lire qu'il coulerait au paradis des rivières de lait au goût inaltérable, de vin délicieux et de miel.

L'hydromel, nectar des dieux

Résultat de la fermentation de l'eau et du miel, l'hydromel est une des premières boissons alcoolisées bues par l'homme. On en trouve les premières traces de production au Danemark, à l'âge de bronze, mais c'est Aristote qui nous aurait donné la première recette, vers 350 av. J.-C. Selon les Grecs, les dieux de l'Olympe ne buvaient que de l'hydromel qui était aussi très populaire chez les Celtes.

Supplanté par le vin avec la montée du christianisme, l'hydromel connaît aujourd'hui un regain de popularité. On le sert en apéritif ou pour accompagner un dessert. Consommé avec modération, il posséderait les mêmes vertus que le miel. ◆

Le miel en médecine

La première mention du miel dans un livre de médecine remonte à plus de 2200 ans, en Chine. À la même époque, les Égyptiens reconnaissaient ses bienfaits : selon eux, le miel soulageait l'estomac, rétablissait les fonctions urinaires, cicatrisait les blessures et soignait les maladies des yeux. C'est du moins ce que décrivent de nombreux papyrus dont celui d'Ebers, l'un des plus anciens traités médicaux connus. Écrit à Thèbes en 1870 av. J.-C., il contient un répertoire des maladies et près de 900 préparations d'onguents, de décoctions, de pansements et d'emplâtres ; plus de 500 d'entre eux sont à base de miel, dont un médicament diurétique fait d'un mélange de miel et de grains cuits. On dit aussi que durant les Jeux olympiques antiques, les athlètes buvaient de l'eau mélangée à du miel pour retrouver rapidement leurs forces.

Le philosophe Démocrite d'Abdère, qui serait mort à 103 ans, attribuait au miel sa remarquable longévité, alors qu'Hippocrate, le père de la médecine moderne (460-377 av. J.-C.), utilisait le miel dans la préparation de nombreux remèdes pour soigner les blessures, les ulcères et les plaies purulentes (une indication que l'on trouve aussi dans la tradition des Indiens d'Amérique du Sud) ou pour calmer les fièvres. Une tradition antique, qui remonterait à la même époque, conseille les infusions au miel pour soulager les toux rebelles et traiter les infections de la gorge ; ce remède est encore largement répandu de nos jours.

Le rôle du miel comme remède cicatrisant et antiseptique sur les plaies ouvertes, les brûlures, les engelures et les kystes est reconnu dans de nombreux témoignages, de la Grèce antique à aujourd'hui. Le philosophe et médecin iranien Avicenne (980-1037) recommandait le miel pour guérir des blessures causées par les flèches. Cette méthode sera utilisée en Afrique du Sud à la fin du XIXe siècle lors des affrontements entre les Britanniques et les Boers. Durant la Première et la Seconde Guerres mondiales, on utilisera aussi le miel pour accélérer la cicatrisation des plaies des soldats. Encore aujourd'hui, des études sont en cours pour évaluer de manière scientifique l'ensemble des effets thérapeutiques du miel.

Le miel, un secret de beauté millénaire
Les Romains, les Égyptiens et les Grecs de l'Antiquité attribuaient au miel des vertus beauté, en association avec le lait.

Le lait miellé pour adoucir les mains était courant chez les Grecques et les Romaines de bonne famille, qui suivaient les conseils du poète Ovide. Ce dernier proposait aussi un mélange de jus d'oignon, de narcisse et de miel pour avoir la peau lisse.

Le miel dans l'alimentation
Chez les Romains et les Grecs de l'Antiquité, le miel était considéré comme un élément indispensable de l'alimentation quotidienne ou festive. Il faisait partie intégrante du régime de base avec les olives, les figues, les noix, l'agneau grillé, les lentilles, le poisson et le fromage. Naturellement, on le servait aussi au dessert, seul ou avec du fromage, des fruits ou du lait, dans des gâteaux ou dans des vins miellés. Peu à peu, on le vit apparaître dans des sauces, où il était généralement associé au vinaigre ou au *garum*, une liqueur de poisson aux aromates, que l'on pourrait comparer au nuoc-mâm vietnamien actuel, ainsi que dans des recettes plus élaborées : fruits de mer cuits dans du miel avec du persil et de la menthe, boudin au miel, beignets au miel, caillé aux fruits et au miel.

Plus de la moitié des recettes qui nous parviennent de la période romaine comportent du miel ou des fruits. Le miel y est associé aux dattes, aux abricots ou aux raisins secs, ainsi qu'au vinaigre ou au vin dans des mélanges aigres-doux. À l'époque, en cuisine, on ignorait le partage entre le salé et le sucré, et on combinait souvent les deux saveurs dans les mêmes plats, une caractéristique que l'on retrouve dans les cuisines arabo-persane et arabo-andalouse, héritières, par certains aspects, de la cuisine romaine antique.

Les gâteaux à base de miel des Romains sont aussi les ancêtres de nombreuses pâtisseries orientales actuelles : flans (œufs brouillés au miel), fruits confits, briouats au miel, dattes fourrées au miel ou gâteaux au miel, notamment.

Bonbons et vins miellés

Au Moyen Âge, certaines confiseries (pâtes de fruits, massepain, nougat, sirops) étaient considérées comme des médicaments, alors que d'autres avaient le statut mixte des épices : médicament pour aider à la digestion et produit de gastronomie à servir en fin de repas.

Il en était de même pour les vins épicés ou miellés, que l'on servait à l'apéritif ou comme digestifs et qui combinaient la douceur d'une boisson agréable et relevée à l'utilité médicale d'un breuvage favorisant la digestion. ◆

Du butinage

aux produits finis :
le miel et les autres produits
de la ruche

«Lune : c'est du miel quand tout va encore bien.»

Bertrand Nobilet

QU'EST-CE QUE LE MIEL ?

Le terme «miel», qui vient du latin *mel*, apparaît dans la langue française au XIIe siècle. Il désigne une denrée alimentaire produite par les abeilles mellifiques à partir du nectar des fleurs ou des sécrétions provenant des parties vivantes de plantes ou se trouvant sur elles, qu'elles butinent, transforment, combinent avec des matières spécifiques propres, emmagasinent et laissent mûrir dans les rayons de la ruche. Cette denrée alimentaire peut être fluide, épaisse ou cristallisée.

De nombreux pays, dont le Canada et la France, réglementent l'appellation «miel» pour en assurer la qualité. Les deux pays stipulent que ce produit doit être entièrement naturel; il ne peut contenir ni additif, ni colorant, ni agent de conservation, ni sirop. Ainsi, le mot «miel» sur un emballage est dorénavant suffisant pour assurer aux consommateurs son origine «100 % pure». Il est interdit d'ajouter des mentions telles que «miel naturel», «miel non chauffé» ou «miel récolté à froid». En France, les seules précisions permises sont celles indiquant une origine florale (trèfle, fleurs sauvages, sarrasin, etc.), un lieu ou une époque de production. Au Canada, l'étiquette doit porter le nom du pays de production, la qualité (Canada n°1, 2 ou 3) et l'origine florale.

Pour garantir au consommateur que le produit qu'il achète est bien du miel, la réglementation prévoit le contrôle de sa qualité grâce à deux mesures : la teneur du produit en eau et la mesure d'une substance qui naît dans le fructose (sucre) lorsque celui-ci est exposé à la chaleur. En principe, le miel est également protégé de l'emploi des insecticides, des pesticides et des fongicides. Il est en effet interdit de traiter les plantes, tournesol et colza essentiellement, pendant la floraison.

Certains miels, dont celui de la Corse, de la Lorraine et des Vosges, bénéficient d'une appellation d'origine contrôlée (AOC), soit la dénomination d'un pays, d'une région ou d'une localité servant à désigner un produit qui en est originaire et dont la qualité ou les caractères sont dus au milieu géographique, comprenant des facteurs naturels et des facteurs humains. L'appellation d'origine contrôlée Miel de Corse, par exemple, regroupe six miels différents, reflétant chacun un paysage, une saison, une floraison ou un parfum. L'AOC peut se doubler d'une appellation d'origine protégée (AOP), signe européen de qualité. C'est le cas, notamment, pour le miel de sapin des Vosges.

Il est chic, ce miel !

Le miel le plus sélect est sans doute celui qui est récolté sur les toits de l'Opéra Garnier et de l'Opéra Bastille, à Paris. Il est commercialisé sous l'étiquette Fauchon.

Le miel le plus cher du monde serait celui du jujubier sauvage, produit dans une contrée désertique du Yémen. L'engouement qu'il suscite tiendrait à ses propriétés aphrodisiaques et à sa rareté. ◆

LA FABRICATION DU MIEL

Les abeilles produisent le miel à partir du nectar qu'elles recueillent dans les fleurs ou à partir du miellat recueilli sur les plantes. Il existe donc deux grandes variétés de miel : le miel de nectar et le miel de miellat.

Le nectar des fleurs a pour fonction d'attirer les insectes pollinisateurs, qui assurent ainsi leur reproduction. Pour se le procurer, l'abeille butineuse écarte les pétales, plonge sa tête à l'intérieur, allonge sa langue et aspire le nectar qu'elle stocke provisoirement dans son jabot, une poche située dans le tube digestif. Pour remplir ce jabot de 0,2 mg de matière sucrée, l'abeille doit visiter environ 150 fleurs. Il faut ainsi 7500 fleurs pour récolter 1 g de nectar. À un seul voyage par jour, il faudrait 50 000 abeilles pour fournir 1 kg de miel !

Un véritable tour du monde !

Une abeille peut faire de 17 à 30 voyages par jour. Si on suppose qu'un trajet représente 1 km, la butineuse peut parcourir jusqu'à 20 km pour rapporter 0,5 g de nectar. La récolte de 1 kg de miel représente donc un peu plus de 40 000 km ! Côté volume, environ 5 litres de nectar sont nécessaires pour obtenir 1 litre de miel ; 1 seul litre de nectar représente entre 20 000 et 100 000 voyages pour l'abeille. ◆

L'abeille peut aussi récolter du miellat, une excrétion produite par des insectes suceurs, comme le puceron, la cochenille ou la cicadelle, à partir de la sève des arbres. Il est utilisé de la même façon que le nectar de fleur.

La fabrication du miel commence dans le jabot de la butineuse, pendant son vol de retour vers la ruche. Les abeilles ajoutent au nectar de la salive contenant une enzyme qui transforme le saccharose – un sucre complexe du même type que le sucre de table – en deux molécules de sucres simples : le fructose et le glucose. Dans le même temps, elles abaissent des deux tiers la teneur en eau de la solution sucrée et l'enrichissent en acide formique. La qualité du miel dépend donc tant de la fleur butinée que de la bonne santé de l'abeille.

Une fois arrivée dans la ruche, l'abeille butineuse transfère sa récolte à des abeilles ouvrières qui, par régurgitations successives d'une abeille à une autre, complètent le processus de digestion des sucres. Les abeilles déposent la solution sucrée qui en résulte, maintenant composée de sucres simples et de 50 % d'eau, dans les alvéoles de cire d'un rayon.

Commence alors un travail de déshydratation, sous la double influence de la chaleur de la ruche – entre 36 et 37 °C – et de la ventilation assurée par des abeilles ventileuses : à grands coups d'ailes, elles peuvent entretenir un courant d'air ascendant pendant 20 minutes, pour diminuer le taux d'humidité. Au bout de quelques jours, on arrive à une solution contenant en moyenne 18 % d'eau et près de 80 % de fructose et de glucose. Le miel est à maturité.

Les abeilles déposent leur précieuse production dans d'autres rayons et le recouvrent d'une fine membrane de cire pour le conserver. Elles en utiliseront une partie pour se nourrir pendant l'hiver ; le reste sera récolté par l'apiculteur.

Rayon de miel
Cette expression vient de l'ancien français *ree*, apparenté au néerlandais *rata*, qui veut tout simplement dire « miel vierge ». ♦

LA RÉCOLTE DU MIEL

La récolte se fait généralement après une miellée, qui correspond à une période de production de nectar par les fleurs, et lorsque les trois quarts des alvéoles des rayons sont remplis. Le moment de la récolte est également fonction des résultats attendus. Ainsi, la récolte d'un miel « monofloral » a lieu dès que la floraison des plantes concernées se termine, alors que celle d'un miel « polyfloral » se fait à la fin de la floraison des dernières fleurs, soit à partir de la mi-août dans l'hémisphère Nord.

L'apiculteur prépare la récolte dès le printemps en installant des hausses sur le corps de la ruche afin de permettre aux abeilles d'entreposer l'excédent de miel produit. Dans certains cas, il ajoute une grille à reine afin d'éviter que celle-ci monte pondre des œufs dans la hausse réservée à l'entreposage du miel.

Un motif inspiré par les abeilles

Dans la ruche, les alvéoles sont disposées en forme d'hexagone régulier, le fond étant constitué de trois losanges égaux. Ce motif a inspiré en tissage le très joli « nid d'abeilles ». ♦

À la fin de la miellée, les hausses dont les cadres sont remplis de miel sont retirées de la ruche. Seuls les cadres situés dans la partie supérieure de la ruche sont prélevés afin de laisser une réserve de miel suffisante pour nourrir les abeilles tout l'hiver. On laisse aussi en place les alvéoles encore garnies de couvain pour qu'aucune larve ne passe dans le miel.

La plupart des apiculteurs continuent d'enfumer légèrement l'entrée et le dessus des cadres pour calmer les abeilles et pouvoir travailler à l'abri des piqûres. Dans les petits ruchers, les cadres sont généralement récoltés un à un, puis brossés pour chasser les abeilles récalcitrantes, avant d'être envoyés à la miellerie. Une autre technique consiste à poser des plateaux « chasse-abeilles » avant la récolte. Ce dispositif permet aux insectes de descendre vers le corps de la ruche, mais leur interdit toute progression dans le sens opposé. Le lendemain ou deux jours plus tard, il ne reste qu'à emporter les hausses pleines, libérées de leurs abeilles.

Les ruchers professionnels utilisent souvent un souffleur à moteur thermique pour chasser les abeilles de la hausse pleine de miel. Le procédé, plus coûteux, permet de récolter la hausse immédiatement et de gagner du temps.

> **Entreposage**
> Une colonie d'abeilles comptant de 30 000 à
> 60 000 individus peut entreposer près de 1 kg
> de miel par jour. ◆

L'extraction du miel

À la miellerie, l'apiculteur retire la fine pellicule de cire qui obstrue les alvéoles des rayons, à l'aide d'un couteau ou d'un couteau électrique dont on chauffe la lame pour faciliter la découpe de la cire. Dans les ruchers importants, la miellerie peut être équipée d'une machine qui retire la cire automatiquement. Les cadres nettoyés de leur cire sont placés dans un extracteur muni d'un tambour qui va permettre, grâce à une rotation rapide, de projeter le miel sur les parois. Il glissera ensuite au fond de la cuve pour être récolté. Pour que ce processus fonctionne bien, le miel doit être suffisamment chaud pour couler. C'est pourquoi il est préférable de l'extraire rapidement après avoir retiré les cadres de la ruche, avant que la chaleur se soit dissipée. On peut aussi laisser les cadres dans une pièce chauffée avant de procéder à l'extraction.

Au sortir de la cuve, le miel est filtré rapidement afin de le débarrasser de ses impuretés : débris de cire, particules de propolis, amas de pollen, pattes ou ailes d'abeilles mortes au cours de la collecte des hausses ou éclats de bois provenant des cadres. Le miel est remis en cuve pour une maturation de 4 à 5 jours à une température d'au moins 20 °C. Pendant ce temps, les cadres vidés de miel sont remis sur les ruches pour accueillir de nouvelles miellées, évitant aux abeilles d'avoir à bâtir de nouvelles alvéoles de cire, au détriment de la production de miel.

La période de maturation ou de repos permet aux dernières impuretés et aux bulles d'air emmagasinées dans le miel de remonter à la surface, formant une sorte d'écume. Ce voile retiré, le miel est prêt à être mis en pots.

LA MISE EN POTS

Généralement, on met directement en pots les miels qui doivent être commercialisés sous forme liquide. On peut également provoquer leur cristallisation en pratiquant un ensemencement, c'est-à-dire en ajoutant des cristaux de miel pour rendre le produit crémeux et plus facile à tartiner.

La mise en pots différée est la plus employée par les professionnels. D'abord, parce que les récoltes et les extractions ont lieu à une période de l'année où le travail sur les ruches demande beaucoup de temps. Ensuite, parce qu'elle permet aux producteurs de mettre leur produit à la disposition des consommateurs en fonction de la demande.

Tout au long du processus, le respect des températures et du taux d'humidité de l'air ambiant et du miel est primordial pour ne pas altérer la qualité de celui-ci.

On récolte, en moyenne, de 15 à 20 kg de miel par ruche chaque année. Les apiculteurs professionnels en obtiennent souvent plus grâce à la transhumance (déplacement des ruches selon les plantes à butiner) et à la mise en place de hausses en fonction des miellées.

LA COMPOSITION DU MIEL

Le miel est un produit complexe dont la composition peut être influencée par de nombreux facteurs impossibles à maîtriser, tels que la nature de la flore visitée et celle du sol sur lequel poussent ces plantes, les conditions météorologiques lors de la miellée et la race des abeilles. Les éléments de base sont cependant les mêmes.

Le miel est composé de 78 à 80 % de sucres, représentés essentiellement par du fructose (ou lévulose) et du glucose (ou dextrose). Ces sucres simples ne nécessitent aucune digestion et sont facilement assimilés par le sang. Le miel contient des traces d'autres sucres dont le saccharose, un sucre complexe, comme ceux extraits et raffinés à partir de la canne à sucre ou de la betterave, qui doit être décomposé pour être assimilé par l'organisme.

Le deuxième constituant du miel est l'eau, dans une proportion optimale de 17 à 18 %. La teneur en eau variera selon les saisons et la maturité du miel lors de sa récolte. Le reste (5 %) est constitué d'un mélange de nutriments d'une grande diversité, dont des vitamines, en quantité insuffisante pour couvrir les besoins quotidiens de l'humain, mais intéressante sur le plan du métabolisme général.

Parmi les autres composantes du miel, on trouve :
- des protides, substances azotées indispensables à la construction des cellules du corps humain, ainsi que des acides aminés ;
- des acides organiques (acétique, citrique, etc.), responsables en partie des qualités bactéricide et tonique du miel ;

- des vitamines du groupe B, indispensables au métabolisme des sucres et au bon fonctionnement du système nerveux ;
- des enzymes (diastases) qui facilitent la digestion des sucres ;
- des facteurs antibiotiques regroupés sous le nom générique d'«inhibine». Ce sont de puissants bactériostatiques, c'est-à-dire qu'ils empêchent le développement des bactéries, mais ne les tuent pas.

Le miel contient également des lipides, des sels minéraux, des grains de pollen, des essences aromatiques et des matières pigmentaires spécifiques à chaque miel.

Le miel, une grande source d'énergie

La proportion de sucres contenus dans le miel fait de lui un aliment hautement énergétique directement assimilable. Le miel nous permet de conserver notre énergie. Son pouvoir sucrant est plus important que celui du sucre blanc ou roux (composé uniquement de saccharose), avec un apport calorique moins élevé : 100 g de sucre apportent en moyenne 400 calories, alors que la même quantité de miel en fournit 300. ◆

LES SORTES DE MIEL

Le miel peut être blanc, doré, ambré, marron foncé ou même translucide. Sa couleur est en grande partie déterminée par le nectar des fleurs butinées par les abeilles, les terrains sur lesquels les plantes ont poussé et la météo. Ces mêmes critères influencent la viscosité, l'arôme et le goût du précieux liquide. Côté saveur, un miel de couleur claire est généralement doux et sucré, alors qu'un miel ambré ou foncé a un goût plus amer.

Dans un premier temps, on distingue les miels de nectar, provenant des fleurs, et les miels de miellat, provenant des arbres ou des plantes mellifères. Les miels se divisent aussi en deux catégories : les miels « monofloraux » (ou « unifloraux ») et les miels « polyfloraux » (ou « toutes fleurs »).

Urbaines vs rurales

Les abeilles dans les grandes villes donnent de deux à trois fois plus de miel que celles de la campagne. La température à la ville étant plus élevée de quelques degrés, elle assure une floraison précoce et incite les butineuses à sortir plus tôt. Ces ouvrières commencent ainsi plus tôt le matin et finissent plus tard le soir. ◆

Les miels monofloraux
On qualifie de «monofloral» un miel issu d'une seule variété de plantes. Pour qu'il puisse être considéré comme tel, l'analyse pollinique du miel doit montrer qu'il provient à 80 % d'une même variété florale. L'apiculteur s'assure que les abeilles s'abreuvent du nectar d'un seul type de fleurs en déplaçant la ruche près de l'espèce sélectionnée, au gré des floraisons (transhumance).

Les miels monofloraux les plus connus sont les miels de lavande, de luzerne, de pissenlit, de romarin, de sarrasin, de cerisier, d'acacia, de colza, d'eucalyptus, de thym, de tilleul, de tournesol et de trèfle.

Les miels polyfloraux
Les miels polyfloraux sont élaborés par les abeilles à partir du nectar ou du miellat provenant de plusieurs espèces végétales. Dans ce cas, ce sont les abeilles plus que l'apiculteur qui décident de quoi sera faite la prochaine production. Les apiculteurs se contentent d'indiquer sur les étiquettes l'origine géographique du produit, qui correspond à l'aire de production ou à un type de paysage. On trouve dans cette catégorie le miel de causse, le miel de haute montagne, de printemps, de forêt, etc.

Il ne faut pas confondre les miels polyfloraux avec les miels «mélangés», qu'on obtient en mélangeant des miels de différentes couleurs, saveurs et provenances.

Les miels de miellat
Le miellat est caractéristique des miels de forêt. Mais on ne verra pas d'abeille butiner un sapin! Elle recueillera plutôt le miellat, une pellicule gluante constituée des exsudations laissées sur les

végétaux par les pucerons qui se sont nourris de la sève. Le plus connu est le miel de sapin, mais des espèces comme les érables, les chênes, les châtaigniers, les mélèzes et les tilleuls peuvent être à l'origine d'une production abondante de miellat.

LA CONSERVATION DU MIEL

Bien scellé et placé dans un endroit frais et sec, le miel se conserve pendant plusieurs années, car son pH acide et sa teneur élevée en sucre le rendent inhospitalier pour les micro-organismes. On a d'ailleurs longtemps utilisé le miel pour conserver les aliments, notamment les viandes, qui étaient découpées en morceaux avant d'être plongées dans le liquide sucré. Idéalement, on ne le garde pas plus de quatre ans.

Le miel devrait être conservé à une température variant de 9 à 15 °C (de 48 à 60 °F), avec un taux d'humidité dans l'air de moins de 60 %. Dans un environnement plus froid, le miel a tendance à épaissir et à cristalliser. À l'inverse, la chaleur fait brunir le produit, détruit certaines enzymes et fait disparaître des arômes. Le miel peut cependant être congelé sans problème. À sa sortie du congélateur, il retrouve la texture et les odeurs d'un miel frais.

La cristallisation, un phénomène naturel

La cristallisation est un processus normal, et non pas un signe de détérioration du miel. Elle survient plus ou moins rapidement, en fonction de l'équilibre des sucres et de la température à laquelle le miel est conservé. Plus un miel est riche en glucose (trèfle, colza, luzerne, tournesol, thym), plus sa cristallisation est rapide. Par contre, plus la teneur en fructose est élevée, plus le miel restera liquide longtemps.

Les miels crémeux

L'apiculteur peut choisir d'accélérer la cristallisation pour offrir des miels crémeux et faciles à tartiner. Le processus, appelé « ensemencement », consiste à ajouter dans le miel encore liquide des cristaux du même miel, de façon que l'ensemble du mélange se cristallise plus rapidement. La recette est brassée régulièrement pour empêcher le miel de durcir et pour assurer une texture fine et souple. ◆

Certains miels se cristallisent en deux phases, c'est-à-dire qu'une partie du miel reste liquide, alors que des cristaux se forment dans l'autre. Les deux types de miels se mélangent puis, après un moment, le miel cristallisé se concentre au fond du récipient. Pour redonner au miel sa fluidité, il suffit de placer le contenant dans de l'eau chaude une quinzaine de minutes. Le miel qui a été chauffé devrait être consommé dans les mois qui suivent, avant que son goût ne s'altère. Il faut éviter de le chauffer au four à micro-ondes puisque cette opération augmente la teneur en hydroxyméthyl furfural (HMF), une substance qui modifie le goût du miel.

La pasteurisation

La pasteurisation consiste à chauffer le miel à 71 °C (160 °F), pour ensuite le refroidir rapidement. Contrairement au lait, le miel n'est pas pasteurisé pour des raisons de salubrité alimentaire. Cette opération réduit plutôt les risques de cristallisation et détruit les levures tolérantes au sucre qui, en présence d'une forte humidité, peuvent causer la fermentation. Ainsi, le miel pasteurisé reste liquide et se conserve plus longtemps, deux caractéristiques souvent recherchées par les consommateurs.

LES AUTRES PRODUITS DE LA RUCHE

Le miel n'est pas le seul produit de la ruche. Les abeilles récoltent le pollen des fleurs, fabriquent la gelée royale pour nourrir la reine et produisent la cire ainsi que la propolis (une sorte de gomme) pour construire et entretenir leur habitation.

L'apithérapie

Ce terme signifie « traitement par les abeilles » et fait référence à l'utilisation des produits de la ruche et de ceux sécrétés par les abeilles (le miel, la propolis, la cire, la gelée royale, le pollen, le pain d'abeilles et le venin) pour traiter des maladies courantes.

Bien que les médecines romaine et grecque aient fait usage du miel depuis la Haute-Antiquité, ce n'est qu'au XIXᵉ siècle que l'apithérapie a fait ses premiers pas comme discipline reconnue, grâce aux travaux du médecin autrichien Philip Terc sur le venin d'abeille dans le traitement des maladies rhumatismales. ◆

La cire

La cire d'abeille est sécrétée par les abeilles à miel. Elle est le résultat de la transformation des sucres floraux dans l'appareil digestif des ouvrières cirières. Au terme du processus, le liquide qui s'écoule de leurs glandes cirières durcit au contact de l'air et forme sous leur ventre des écailles ressemblant à de petites lamelles. Il faut environ 1 million de lamelles pour obtenir 1 kg de cire.

Les abeilles utilisent la cire pour construire les alvéoles hexagonales qui, une fois assemblées, forment des rayons. Ces alvéoles servent à entreposer le miel et le pollen. La reine y pond ses œufs et les jeunes abeilles s'y développent. En apiculture moderne, les ruches sont équipées de cadres de bois sur lesquels sont installées de minces plaques de cire gaufrées. Ce système oblige les abeilles à construire régulièrement, ce qui facilite la récolte.

La cire est récupérée lors de l'extraction du miel des rayons. L'apiculteur réserve la cire des opercules, les petits couvercles avec lesquels les abeilles scellent les rayons de miel, pour la fondre. Cette cire est vendue ou envoyée à un « gaufreur », qui la transforme en feuilles d'alvéoles où les abeilles reconstruiront leurs rayons.

La cire d'abeille est évaluée en fonction de sa pureté et de sa couleur. La cire la plus pure est celle qui provient des opercules. La couleur, qui va du jaune très clair à l'orange foncé, n'a pas de lien avec celle du miel ; elle est plutôt tributaire de la couleur du pollen de la plante visitée à l'époque de sa production. Par exemple, un miel foncé comme celui de bruyère, dont le pollen est blanc, donnera une cire claire. Cependant, la couleur foncée peut parfois indiquer que la cire a été contaminée ou surchauffée.

La transformation de la cire d'abeille est simple. Il suffit de la chauffer, de la filtrer puis de la nettoyer. On peut ensuite la vendre sans protection ni emballage particuliers. La cire d'abeille fond à environ 62 °C (144 °F) et se conserve très longtemps.

Des abeilles économes
Il suffit de 1 kg de cire disposé en rayons pour entreposer 30 kg de miel. ◆

Pendant des siècles, la cire a été plus précieuse que le miel comme produit de la ruche. Dans l'Égypte antique, ses propriétés hydrophobes, qui la rendent donc imperméable à l'eau, et antibactériennes en ont fait l'un des principaux ingrédients de la momification. Elle servait aussi à l'éclairage ; les cierges doivent d'ailleurs leur nom à la cire qu'on utilisait pour les fabriquer.

Les bougies de cire d'abeille brûlent d'une flamme douce, sans fumée et sans déchets. Elles distillent un léger parfum, peuvent être colorées et enrichies d'essences végétales aromatiques : camphre, cannelle, cèdre, citron, eucalyptus, lavande, fleur d'oranger, romarin, etc.

Mise en bâtons colorés, la cire servait aussi à cacheter des lettres et à conserver une marque, sceaux des traités et des actes officiels. On pense notamment aux documents royaux et autres traités historiques. À une époque, on en recouvrait des tablettes de bois pour écrire.

Aujourd'hui, les industries cosmétiques et pharmaceutiques sont les principaux utilisateurs de cire d'abeille pour la production de médicaments et de produits de beauté. Elle est utilisée pour imperméabiliser le bois et le cuir, pour renforcer les fils ou pour fabriquer des cirages à chaussures. On la retrouve même dans certaines composantes électroniques et dans les CD. En Asie et en Afrique, la cire d'abeille sert à teindre les tissus en batik et à fabriquer de petits objets de métal par moulage. Elle est aussi autorisée comme additif alimentaire.

La gelée royale
La gelée royale est une substance blanchâtre et légèrement acide, sécrétée par les jeunes nourrices de la ruche. C'est la nourriture exclusive de la reine, et des larves jusqu'à leur troisième jour d'existence.

De couleur jaune pâle, la gelée royale a une consistance gélatineuse, une forte odeur de phénol et une saveur acidulée. Elle est composée de 50 à 65 % d'eau, de 15 % de sucres, essentiellement du fructose et du glucose, et de 13 à 18 % de protéines. Ses autres composantes sont des gras (de 3 à 6 %), des minéraux (1,5 %), des vitamines, surtout celles du groupe B (notamment les vitamines B_1 et B_5), et des oligo-éléments (traces de minéraux).

Il s'agit, en quelque sorte, d'un miel enrichi d'hormones et de vitamines et pauvre en pollen. La gelée royale permet à la reine de vivre cinq ou six ans, alors que la vie active des ouvrières ne dépasse guère les 45 jours.

Une poussée fulgurante

Grâce à la gelée royale, la larve prise en charge pour devenir reine prend, en 5 journées, 1800 fois son poids initial et obtient l'assurance de vivre environ 5 ans. C'est 50 fois plus que les butineuses, dont l'espérance de vie est de 40 à 45 jours. ◆

L'apiculteur peut accélérer la production de gelée royale par l'orphelinage de la ruche. Le procédé consiste à retirer la reine de la ruche pour que les ouvrières élèvent plusieurs larves destinées à produire des reines, ce qui les oblige à générer davantage de gelée. L'apiculteur peut espérer de cette façon ramasser 500 g de gelée royale par ruche entre le mois de mai et la mi-août.

La gelée est prélevée avec une petite spatule directement dans les alvéoles du couvain. Elle est aussitôt mise dans des flacons de verre opaque, et placée au froid (entre 0 et 5 °C). Les flacons doivent être bien remplis pour éviter tout contact avec l'air, et les couvercles, fermés hermétiquement. Dans ces conditions, la gelée royale peut se conserver pendant une année.

La récolte, la transformation et l'emballage de la gelée royale relèvent d'un processus délicat. Comme cette substance ne se conserve pas longtemps, il faut la congeler ou la lyophiliser (sécher à froid) rapidement.

La gelée royale est très prisée comme remède, produit tonifiant ou aphrodisiaque. Mais ses vertus sont controversées (voir le chapitre sur la santé, à la page 81). Elle entre aussi dans la composition de produits cosmétiques, comme des rouges à lèvres et des shampoings.

Le pollen

Bien qu'il ne soit pas fabriqué par les abeilles, le pollen est considéré comme un pur produit de la ruche. Riche en acides aminés et en vitamines, c'est le principal aliment des abeilles, devant le miel. Il s'agit d'une fine poussière constituée de milliers de grains microscopiques produits et libérés par les étamines des plantes. Sorte de spermatozoïdes de la fleur, ces minuscules particules, qui mesurent de 20 à 40 microns (de 0,02 à 0,04 mm) chacune, sont transportées par le vent, ce qui leur permet d'aller féconder les organes femelles des fleurs (pistils). C'est à certains de ces pollens que l'on doit le rhume des foins printanier ou les crises d'asthme dont certaines personnes sont victimes.

Pour cueillir le pollen, l'abeille butineuse gratte les étamines des fleurs avec ses mandibules et ses pattes antérieures. Elle recouvre les grains recueillis du miel qu'elle a pris soin d'entreposer dans son jabot en quittant la ruche. Le mélange forme de petites pelotes que l'insecte transporte dans les corbeilles de ses pattes arrière. Pendant qu'elle se dirige vers une autre fleur, l'abeille balaie de ses pattes le pollen qui s'est collé à son abdomen pour l'ajouter à sa récolte.

L'apiculteur recueille le pollen au moyen d'une grille qu'il installe à l'entrée de la ruche. Quand elle passe la trappe, l'abeille butineuse ne peut que laisser échapper une partie de son chargement dans un tiroir. Le dispositif est conçu de manière à ne prélever qu'environ 10 % du pollen des butineuses pour ne pas porter atteinte à la vie de la ruche. Une ruche consomme près de 25 kg de pollen par an pour nourrir les jeunes larves, les ouvrières et les faux bourdons. L'apiculteur, lui, peut espérer récolter environ 3 kg de pollen par ruche par an.

Il existe autant de variétés de pollen que de plantes. Chaque espèce florale possède un pollen spécifique à tel point qu'il est possible, au microscope, de reconnaître de quelle fleur il est issu. Mais peu importe son origine botanique, le pollen transporté par les insectes (dits « entomophiles ») a sensiblement toujours la même composition. Il est constitué de 30 à 55 % de glucides (sucres), de 25 à 30 % de protides (protéines et acides aminés libres), de 1 à 20 % de lipides (corps gras) et, pour le reste, de vitamines (principalement celles du groupe B) et de minéraux, parmi lesquels figurent le calcium, le chlore, le cuivre, le fer, le magnésium, le manganèse, le phosphore, le potassium, le silicium et le soufre. Il contient aussi de petites quantités d'antioxydants et de substances immunostimulantes.

Pollen d'abeille et pollen de fleurs

Le pollen utilisé en apithérapie est généralement composé de pollen d'abeille provenant de plusieurs espèces florales.

On trouve aussi, depuis quelques années, un « pollen de fleurs » récolté à la machine directement sur les fleurs. Ce produit contient le pollen d'une seule espèce végétale ou d'un groupe d'espèces choisies. Les « fabricants » de ce pollen de fleurs allèguent que leur produit ne cause pas les réactions allergiques associées au pollen d'abeille, puisqu'il n'est pas entré en contact avec les insectes. Par conséquent, il ne renferme aucun des allergènes spécifiques aux produits de la ruche. Malgré tout, il faut se rappeler que le pollen est en soi allergène pour une partie de la population. ◆

La propolis

La propolis est une gomme rougeâtre que les abeilles récoltent sur les plantes et dont elles recouvrent toutes les surfaces intérieures de la ruche afin d'en assurer l'étanchéité, la solidité et l'asepsie. Elle est fabriquée à partir des diverses résines que les abeilles recueillent sur les bourgeons et l'écorce de certains arbres tels que les conifères, les peupliers, les bouleaux ou les saules, et auxquelles elles ajoutent de la salive.

Dure et friable à 15 °C, la propolis devient molle et malléable aux alentours de 30 °C, puis collante ou gluante à des températures plus élevées. Très visqueuse, cette substance a une couleur qui varie du jaune clair au marron très foncé, selon les types de résines recueillis par les ouvrières. Elle possède une saveur âcre, voire amère, et dégage une odeur douceâtre liée aux résines aromatiques qu'elle renferme.

Les abeilles utilisent la propolis pour colmater les joints ou les interstices de la ruche et pour créer une couche protectrice contre les invasions microbiennes ou fongiques. Elles en recouvrent les rayons et les alvéoles, avant que la reine ne vienne y pondre ses œufs, pour assurer aux larves un environnement étanche et hygiénique. Les huiles volatiles de la propolis agissent comme désodorisant antiseptique.

La propolis permet aux abeilles de remodeler l'entrée de la ruche, ou « trou d'envol », pour adapter ses dimensions et son orientation afin de le protéger du vent et de la pluie. En rendant les parois de l'entrée plus lisses, la propolis facilite le passage des abeilles et crée une sorte de chambre de stérilisation, d'où le nom *propolis* qui signifie, en grec ancien, «devant» (*pro*) la «cité» (*polis*). La propolis est l'isolant parfait pour embaumer le corps des prédateurs – souris, petits lézards ou papillons – qui sont trop gros pour être transportés hors de la ruche par les abeilles et qui risquent de provoquer des infections en se décomposant. Dans l'Antiquité, les Égyptiens utilisaient déjà la propolis pour les embaumements.

On récupère la propolis sur les cadres de hausse, puis on la purifie pour recueillir sa fraction active, constituée surtout de flavonoïdes, une source importante d'antioxydants dans l'alimentation. Sa teneur en flavonoïdes peut varier énormément d'un produit à l'autre, en fonction du lieu de la récolte. On attribue à la propolis de nombreuses propriétés thérapeutiques, dont des vertus antimicrobiennes, antivirales, anti-inflammatoires et antioxydantes (voir «Le propolis : des vertus multiples», page 87).

L'hydromel
L'hydromel est l'un des premiers alcools fabriqués par l'homme. Son origine remonterait au Néolithique, environ 9000 av. J.-C. On l'obtient par la fermentation d'un mélange de miel et d'eau ; c'est pourquoi on parle souvent de vin de miel. Des levures peuvent être ajoutées, mais, la plupart du temps, le miel en contient suffisamment pour que l'alchimie se produise naturellement.

L'hydromel est généralement affiché comme un alcool doux et naturel, entre 10 et 16 degrés d'alcool. On le sert très frais, en apéritif. Le vin de miel n'est pas plus sucré que celui issu du raisin. Dans les deux cas, les teneurs en sucres viennent des méthodes de vinification, et non du miel ou du raisin. Le goût de l'hydromel sera cependant influencé par le type de miel utilisé lors de la production : miel de sarrasin, de tilleul ou de bleuets. Certains apiculteurs ajoutent des fruits lors de la maturation afin d'obtenir des hydromels de framboises, par exemple.

L'hydromel est depuis longtemps associé aux rituels divins et à la fertilité. On en buvait à la santé des nouveaux mariés pour leur assurer une descendance. C'est sans doute pourquoi on allègue que la consommation d'hydromel apporte force et courage, nourrit la cohésion sociale, favorise la longévité et facilite la digestion. Des vertus qui ne sont confirmées par aucune source scientifique...

Les vertus

médicinales du miel

«Au malade, le miel est amer.»

Sénèque

UNE LONGUE HISTOIRE

Des papyrus indiquent que le miel était utilisé en médecine chez les Grecs et les Romains de l'Antiquité pour, notamment, soulager l'estomac, cicatriser les blessures, calmer les fièvres ou soigner les maux de gorge. Ses vertus cicatrisantes et antiseptiques sur les plaies ouvertes, les brûlures, les crevasses ou les engelures sont documentées depuis la Grèce antique jusqu'à nos jours.

Au Moyen Âge, le miel servait de purgatif et de contrepoison, ou était utilisé pour adoucir les potions composées de plantes médicinales trop amères ou trop acides. Il entrait dans la préparation de différentes pharmacopées du XVIIIe siècle, notamment comme remède contre les morsures de vipère ou de chien enragé. Et dans les *Œuvres pharmaceutiques* de Jean de Renou, publié en 1626, on peut lire que le miel est un des quatre principaux piliers d'une boutique d'apothicaire, avec le sucre, l'huile et la cire.

À la fin du XVIIe siècle, le recueil encyclopédique de La Maison rustique avance que le miel prolonge la vie des gens âgés et fait partie des gargarismes pour « nettoyer et déterger les ulcères de la bouche ». On retrouve cette recommandation pour les vieillards dans les préceptes de l'École de Salerne, un recueil de conseils de santé d'une école de médecine italienne réputée durant le Moyen Âge. Ces préceptes ont été utilisés comme manuel de diététique et de recettes thérapeutiques pendant des siècles.

Pour lutter contre la mauvaise haleine

Le miel est utilisé en gargarisme pour contrer la mauvaise haleine. Pour ce faire, on mélange 1 cuillère à café de miel avec la même quantité de cannelle moulue que l'on dilue dans de l'eau chaude. ◆

Les musulmans considéraient aussi le miel comme un médicament efficace, notamment contre la petite vérole.

Dans les années 1920, une édition du *Larousse médical* qualifiait le miel de « médicament aliment adoucissant, rafraîchissant et laxatif ». Ces qualités étaient suffisantes pour que l'on prête au miel une certaine efficacité thérapeutique, mais ses défenseurs lui en reconnaissaient bien d'autres.

Depuis quelques décennies, les chercheurs se penchent sur les vertus du miel documentées au fil des millénaires afin d'en dégager les véritables propriétés et de déterminer scientifiquement ce que l'on peut en espérer pour la santé.

Plusieurs études ont validé certaines des allégations suivantes, alors que d'autres restent à prouver : le miel combattrait l'anémie, stimulerait l'appétit, aiderait à la digestion, augmenterait la sécrétion de l'urine, donnerait de l'énergie, faciliterait le transit intestinal, calmerait les nerfs et favoriserait le sommeil. Les applications thérapeutiques du miel seraient aussi fonction de son origine sécrétoire, nectar ou miellat, ainsi que des fleurs et des plantes butinées par les abeilles productrices. Il existe cependant des propriétés communes à toutes les variétés de miel qui correspondent à une composition analytique moyenne.

ATTENTION !
Le miel ne suffit pas toujours pour mettre fin à un trouble de santé. Il doit être considéré comme un aliment qui aide à prévenir certaines maladies ou à traiter diverses affections, plutôt que comme un médicament. ◆

UN GRAND ALLIÉ DU SYSTÈME RESPIRATOIRE

Comme on l'a vu au chapitre précédent, on se sert du miel comme remède depuis l'Antiquité, notamment pour traiter les infections de la gorge, une application toujours d'actualité. Une équipe de pédiatres de l'Université de la Pennsylvanie, aux États-Unis, a en effet démontré en 2007 que le miel serait le plus efficace des traitements pour soigner la toux des enfants. Les jeunes qui ont participé à l'étude, et chez qui on avait diagnostiqué une infection des voies respiratoires supérieures, ont pris soit une cuillère de miel de sarrasin avant d'aller se coucher, soit de la dextrométhorphane parfumée au miel (un sirop contre la toux), soit rien du tout.

D'après les résultats, les enfants ayant pris du miel sont ceux qui ont le moins toussé la nuit, et donc le mieux dormi. Le sirop au dextrométhorphane a permis de diminuer la toux, mais s'est montré à peine plus efficace que l'absence de traitement en ce qui concerne l'évolution générale du patient. La présence de composants phénoliques dans les miels foncés, associés aux propriétés antioxydantes du miel, expliquent la nature des effets enregistrés, selon les chercheurs américains.

Le miel contient une petite quantité d'acide formique et d'inhibines, des antibiotiques naturels qui empêchent le développement des bactéries, contribuant à soulager les gorges irritées et les bronches. Le miel entraîne, lors de l'ingestion, une augmentation de salive et de mucus, ce qui adoucit la gorge. C'est également un antioxydant et un antimicrobien. Cet effet antiseptique provient d'une enzyme appelée «glucose oxydase», qui permet de transformer de petites quantités de sucre en peroxyde d'hydrogène, plus connu sous le nom d'« eau oxygénée ». C'est ce qui explique son efficacité pour soulager les maux de gorge et la toux.

Voici quelques suggestions pour vous aider à traiter une infection superficielle des voies respiratoires.

Des miels particulièrement apaisants

Les miels d'eucalyptus, de sapin et de lavande sont particulièrement recommandés en cas de toux convulsive, de maux de gorge et de bronchite. Pour l'asthme, privilégier le miel de romarin. ◆

Boisson apaisante contre la toux
Ajouter 1 c. à soupe de miel dans un verre de lait ou une tisane tiède pour apaiser la gorge, et ainsi s'assurer un meilleur sommeil. Il faut éviter de chauffer le miel au-delà de 40 °C (104 °F) pour profiter de ses vertus thérapeutiques.

Infusion au thym contre la toux
200 ml (¾ tasse) d'eau
3 branches de thym
1 à 2 c. à soupe de miel

Faire bouillir l'eau, puis retirer du feu. Ajouter le thym et laisser infuser environ 10 minutes. Lorsque l'eau est jaune, retirer le thym. Ajouter le miel et remuer.

Sirop contre la toux au miel et au citron
 Le jus de 1 citron
 6 c. à soupe de miel

Dans une petite bouteille, mélanger le jus de citron et le miel. Prendre une cuillerée au moment des quintes de toux et avant d'aller dormir.

Infusion épicée contre le mal de gorge
 Le jus de ½ citron
 250 ml (1 tasse) d'eau chaude
 2 à 3 c. à café de miel
 1 pincée de piment de Cayenne
 1 larme de cognac ou de whisky (facultatif)

Mettre tous les ingrédients dans une grande tasse et bien mélanger. Boire pendant que le mélange est chaud.

Les grogs

Les grogs sont une autre option intéressante pour les adultes. À boire avant d'aller dormir si l'on constate un léger refroidissement ou une gêne dans la gorge. ◆

Grog « coup de froid » au rhum
 85 ml (⅓ tasse) de rhum
 170 ml (⅔ tasse) de lait tiède
 2 c. à café de miel

Mettre tous les ingrédients dans une grande tasse et bien mélanger. Boire pendant que le mélange est chaud.

Variante : Remplacer le rhum par du vin chaud. Ajouter le jus de 1 citron, 2 c. à café de miel et boire immédiatement.

Les gargarismes

Pour les pharyngites et les laryngites, souvent sources d'enrouement et d'extinction de voix, on recommande les gargarismes à l'eau miellée. ♦

Gargarisme au miel et au citron
 250 ml (1 tasse) d'eau
 le jus de 1 citron
 1 c. à soupe de miel

Dans une petite casserole, faire bouillir l'eau et le jus de citron pendant environ 5 minutes. Retirer du feu, ajouter le miel et laisser refroidir la préparation. Se gargariser de cette eau miellée plusieurs fois par jour, en cas d'enrouement.

Gargarisme au miel et à la sauge
500 ml (2 tasses) d'eau
10 feuilles de sauge
100 ml (⅜ tasse) de vinaigre de pomme
2 c. à soupe de miel

Mettre l'eau, la sauge et le vinaigre de pomme dans une casserole et porter à ébullition. Retirer du feu et laisser infuser 10 minutes. Ajouter le miel et bien mélanger. Se gargariser avec le mélange, au besoin.

Le miel en rayon

Pour les rhinites, les sinusites et le rhume des foins (coryza spasmodique), le miel en rayon, que l'on consomme avec ses alvéoles de cire, s'avère particulièrement efficace en raison des vertus liées à la cire d'abeille. ◆

UN ADJUVANT DU SOMMEIL

Les vertus du miel face aux troubles du sommeil sont souvent évoquées. Qui n'a pas essayé les tisanes ou le lait chaud avec une cuillerée de miel avant de se mettre au lit? On lui accorderait aussi des propriétés aphrodisiaques... mais ça reste à prouver!

Le duo lait et miel

L'association du miel et du lait ne date pas d'hier. Ces deux aliments représentaient pour les anciens ce que la nature offre de meilleur. Pas étonnant que les Hébreux considéraient que la terre promise devait leur en fournir et que les chrétiens donnaient un mélange de lait et de miel aux nouveaux baptisés !

Aujourd'hui, le lait chaud additionné de miel est considéré comme un des délices de l'enfance, ou comme une boisson réconfortante à consommer pour enrayer l'insomnie ou pour apaiser la toux chez l'enfant. ◆

Le miel nous aide à nous endormir plus facilement grâce à la sécrétion de sérotonine, l'hormone du bien-être, et du tryptophane, un acide aminé qui favorise le sommeil. Il est préférable d'opter pour un miel de lavande, d'acacia ou de fleur d'oranger, des plantes reconnues pour leurs vertus apaisantes.

Infusions calmantes

On recommande des infusions sucrées au miel aux personnes souffrant de palpitations ou d'anxiété. Il suffit de mélanger de 1 à 2 c. à soupe de miel à une tasse de tisane, d'infusion ou de lait chaud pour profiter de ses bienfaits. Le miel doit être ajouté à la boisson, sans être chauffé, puisqu'au-delà de 40 °C (104 °F) il perd ses propriétés thérapeutiques.

UN AGENT TONIQUE

Le miel aurait des vertus stimulantes et tonifiantes appréciées des sportifs et des gens fatigués. Sa concentration en sucre en fait un véritable coup de fouet pour l'organisme.

Le miel est composé principalement de deux sucres simples : le glucose et le fructose. Les abeilles les ayant « prédigérés », ils sont directement assimilables par l'organisme. Le glucose est assimilé sans aucun processus de digestion. C'est le sucre de l'effort, du sportif... Le fructose, lui, doit être transformé en glucose par la digestion pour être assimilable, mais le processus est très rapide. L'association de ces deux sucres prolonge la durée de l'effet énergétique.

Le miel : un tonique sexuel ?

Messieurs, vous manquez de vigueur au lit ? Mélangez 18 jaunes d'œufs dans 500 g (environ 2 tasses) de miel (de romarin ou de trèfle, de préférence). Conservez le tout dans un pot de verre, au réfrigérateur, et plongez-y une cuillère à soupe en cas de besoin. Il suffit de faire fondre le mélange sous la langue ou de le tartiner sur un toast de pain complet. ◆

Présent en faible quantité, un troisième sucre, le saccharose (le sucre blanc), doit être transformé pour être assimilé par l'organisme. Le processus est possible grâce à l'invertine, une enzyme qui décompose le saccharose en trois molécules : eau, fructose et glucose. Ce sucre est donc assimilé plus lentement.

En raison de la diversité des sucres qu'il contient, le miel permet à l'organisme de mobiliser une énergie directement disponible. Ainsi, il augmente l'endurance, favorise la récupération et facilite les efforts répétés ou prolongés. Des études ont montré que les athlètes qui pratiquent des sports d'endurance pendant plus d'une heure chaque fois bénéficient des hydrates de carbone associés au miel. Consommé avec de l'eau, le miel produirait une réponse glucose-insuline similaire à celle produite par les gels énergétiques, des produits conçus pour apporter de l'énergie, sous forme de glucides, pendant l'effort.

Cette action tonifiante entraînerait aussi une plus grande résistance à la fatigue physique et intellectuelle durant les périodes d'activités intenses, comme des examens de fin d'année ou la remise d'un gros projet d'affaires. Le miel de trèfle est particulièrement efficace dans ces cas-là.

La puissance calorique du miel permet de satisfaire les besoins énergétiques de l'organisme, même si peu de nourriture est ingérée. Cette caractéristique est recherchée dans les cas de perte d'appétit, surtout chez les enfants et les personnes âgées, et dans certains régimes alimentaires médicaux ; on pense notamment au traitement de l'insuffisance rénale.

Fructose : attention aux quantités !
L'organisme transforme facilement le fructose en
graisse. La consommation de fructose augmente le
niveau des triglycérides sanguins, ce qui représente
un facteur de risque pour la santé cardiovasculaire
(de 11 à 29 % de plus par rapport à la consommation
de boissons n'ayant été sucrées qu'avec du glucose).
Il faut donc éviter d'en consommer à l'excès. Mais
comme le pouvoir sucrant du fructose est supérieur
à celui du sucre blanc, on peut sucrer ses boissons
et ses pâtisseries avec des quantités moindres
de miel. ◆

UN ANTIBIOTIQUE NATUREL

Le monde médical, aux prises avec des microbes qui résistent de
plus en plus aux antibiotiques, redécouvre les vertus du miel
pour traiter les plaies infectées, une utilisation qui remonte pourtant à l'Égypte ancienne. Des chercheurs allemands ont prouvé
que le miel soignerait des blessures et des infections que les antibiotiques n'arrivent plus à guérir. Il a été démontré qu'il accélère
aussi la cicatrisation des tissus affectés par une brûlure partielle,
qu'il facilite la guérison des ulcères variqueux et des lésions cutanées attribuables au diabète, ainsi que la cicatrisation des inci-
sions chirurgicales.

Les propriétés antibiotiques du miel s'expliquent par la présence de deux sortes de protéines :

◆ des inhibines, qui freinent ou inhibent la reproduction des bactéries ;

◆ des défensines, qui renforcent le système immunitaire humain. Un dysfonctionnement de cette protéine provoque des maladies chroniques, dont celle de Crohn.

Les défensines constituent l'antibiotique naturel du miel le plus efficace. Des chercheurs néerlandais ont pu détruire des bactéries multirésistantes aux antibiotiques modernes, telles que les bactéries *Escherichia coli* et *Staphylococcus aureus* (staphylocoque doré), en ajoutant de 10 à 20 % de miel dans leur milieu de culture.

Le miel contient aussi du glucose oxydase, une enzyme sécrétée par les abeilles. Cette enzyme transforme le sucre en peroxyde d'hydrogène (ou eau oxygénée), un antiseptique connu pour tuer les bactéries. Elle stimule également la revascularisation des plaies et la formation de tissus, nécessaires à la cicatrisation. L'eau oxygénée détermine le pH acide du miel, qui empêche la prolifération des microbes. Ce sont ces mêmes propriétés antiseptiques qui rendent le miel efficace contre les inflammations des voies respiratoires ou urinaires et les ulcères de l'estomac, par exemple. Mais comme la quantité de peroxyde d'hydrogène diffère d'un miel à l'autre, en fonction des composés phytochimiques des nectars de fleurs utilisés par les abeilles, son efficacité à combattre les bactéries varie aussi grandement.

Le miel de manuka

Il existe un miel dont le pourcentage en peroxyde est 10 fois supérieur à la moyenne : le miel de manuka (*Leptospermum scoparium*), un arbrisseau qui pousse à l'état sauvage en Nouvelle-Zélande et en Australie. Le miel de manuka peut être jusqu'à 100 fois plus actif contre les micro-organismes que les autres miels. Il est particulièrement efficace sur les brûlures et les ulcères ; il aurait également la capacité de détruire la bactérie *Streptococcus pyogenes*, que l'on retrouve souvent dans les plaies infectées, même celles qui ont développé une résistance aux antibiotiques, selon une étude réalisée par des chercheurs de l'Université de Cardiff, au Royaume-Uni. Il diminuerait les enflures, augmenterait la circulation sanguine et accélérerait la formation de nouveau tissu cicatriciel. ◆

UN CICATRISANT HORS PAIR

Le miel accélère la cicatrisation des tissus ayant subi des brûlures et contribue au traitement des petites plaies, des blessures et des affections cutanées (verrues, boutons d'infection et furoncles).

Des études ont prouvé l'efficacité du miel dans le traitement de lésions cutanées causées par des coupures, des brûlures dues à la chaleur et des chirurgies mineures. Le miel peut, par exemple, réduire de quatre jours le temps de cicatrisation d'une brûlure partielle. Par contre, une préparation de miel dans des bandages n'est pas un traitement approprié pour les blessures chroniques comme les ulcères veineux aux jambes.

Le monde médical reste cependant réticent vis-à-vis de l'utilisation du miel en pansement ou étalé directement sur une plaie. Pourtant, ces procédés sont utilisés avec succès sur des plaies qui cicatrisent difficilement dans une vingtaine de centres hospitaliers en France. Le miel est également employé dans certains services de cancérologie pour soulager la peau exposée aux rayons de la radiothérapie et la muqueuse de la bouche soumise aux effets secondaires de la chimiothérapie. En Europe et aux États-Unis, on peut trouver des préparations à base de miel de Manuka et de *jellybush*, ainsi que des pansements pré-imbibés de miel faciles à utiliser. Ces produits ne sont pas encore autorisés au Québec.

L'origine du pouvoir cicatrisant

Le caractère aseptisant et cicatrisant du miel viendrait de son pH naturellement acide (pH 3 à 5), qui nuit au développement des microbes, et de sa capacité à extraire l'eau des cellules vivantes, ce qui permet un assainissement et un assèchement rapide des plaies. Par ailleurs, sa grande viscosité limite la dissolution de l'oxygène, assurant ainsi une meilleure oxygénation des tissus, alors que les inhibines qu'il contient empêchent la prolifération bactérienne. Enfin, le miel active la cicatrisation grâce au glucose oxydase.

Les propriétés antibactériennes du miel expliquent en partie son pouvoir cicatrisant. Appliqué sur les brûlures, les ulcères, les plaies, les lésions cutanées attribuables au diabète ou les cicatrices chirurgicales infectées, il agit d'abord par osmose. Très concentré en sucre, il favorise l'expulsion des liquides des tissus et des bactéries. En poussant l'exsudat – le liquide qui suinte à travers les parois des vaisseaux – vers la surface de la plaie, l'effet d'osmose crée une interface humide entre le pansement et la plaie. Le changement de pansement est ainsi moins douloureux pour le patient et n'endommage pas la peau nouvellement formée.

La libération du peroxyde d'hydrogène se fait de façon continue, ce qui permet de tuer les germes sans détruire les cellules de la peau, contrairement à l'application à intervalles réguliers d'un antiseptique.

Le miel a l'avantage de diminuer l'œdème et l'inflammation des tissus, en plus de déloger et de repousser les tissus morts. Il chasse ainsi l'odeur désagréable qui émane de certaines plaies infectées et qui gêne les patients, au point, parfois, de les empêcher de sortir pendant leur convalescence.

Baume réparateur contre les gerçures et les crevasses
Le miel aide aussi à soigner les lèvres gercées. Pour préparer un baume à cet effet, il suffit de dissoudre 2 c. à soupe de miel dans 250 ml (1 tasse) d'eau et d'ajouter un peu de glycérine. Enduire les lésions de ce mélange après un léger savonnage à l'eau tiède et laisser sécher.

Se traiter à la maison : prudence !
Si l'utilisation du miel sur de petites plaies
peut être envisagée à la maison, la prudence
s'impose tout de même. On se limite aux
plaies de moins de 1 cm, que l'on nettoie avant
d'y étaler une couche de miel, puis de
recouvrir d'une gaze. Le pansement doit être
renouvelé quotidiennement. Si aucune
amélioration ne se produit dans les quelques
jours qui suivent, il est important de voir un
médecin. Il faut consulter avant de soigner
toute lésion plus grande que 1 cm. ◆

MIEL ET DIABÈTE

Avec son fort contenu en sucre, le miel ne devrait pas, selon bien
des gens, faire partie du régime alimentaire des diabétiques.
Pourtant, ce n'est pas nécessairement le cas. S'il ne figure pas
parmi les aliments recommandés en cas de diabète, il n'est pas
forcément contre-indiqué non plus.

Quatrième cause de décès dans les pays développés, le diabète
est attribuable à un excès de sucre dans le sang. Les personnes
qui en souffrent assimilent mal les glucides. Elles se retrouvent
avec un taux de sucre dans le sang, ou glycémie, trop élevé. Ainsi, qu'elles soient atteintes de diabète de type 1 ou de type 2, elles
doivent consommer le sucre avec modération. Mais comme il est
indispensable au bon fonctionnement du corps humain et du
cerveau, les personnes diabétiques ne peuvent l'éliminer de leur

régime alimentaire. Elles doivent cependant privilégier des aliments riches en hydrates de carbone avec un indice glycémique (IG) peu élevé, par exemple les pâtes, le riz ou les fruits et... le miel. Selon son origine, le miel a un indice glycémique allant de faible à moyen, ce qui lui confère un avantage sur le sucre cristallisé dont l'IG est élevé.

Un sucre lent

Le miel est considéré comme un sucre lent, au même titre que les féculents (pains, pâtes, riz, etc.), car il contient surtout du fructose et du glucose : jusqu'à 80 % pour le miel de nectar et jusqu'à 65 % pour le miel de miellat. Un atout pour les personnes diabétiques et les sportifs, puisque le fructose élève peu la glycémie durant la digestion. ◆

Plusieurs études ont montré que le taux de glycémie augmente moins vite après une consommation de miel qu'après une consommation équivalente de sucre cristallisé, et que les personnes qui consomment du miel ont une glycémie beaucoup plus stable. De plus, quatre études réalisées avec diverses variétés de miel provenant de l'Australie, des États-Unis, de la Malaisie et de l'Allemagne ont confirmé que plus la concentration de fructose dans le miel est élevée, moins la glycémie augmente et plus l'IG est faible. Par conséquent, lors de régimes nécessitant un IG faible, certaines sortes de miel, comme le miel d'acacia, de châtaignier ou de tilleul, sont des édulcorants plus appropriés que le miel de forêt ou de colza, ou que le sucre.

Le miel peut aussi être très utile chez le diabétique traité à l'insuline, en cas d'hypoglycémie, un état qui peut mener au coma. Lorsque le taux d'insuline dans le sang est trop élevé, l'ingestion immédiate de miel apporte rapidement du glucose et corrige les effets de ce surdosage insulinique.

Malgré les avantages du miel sur le sucre, il est conseillé de consulter un médecin ou un nutritionniste avant de l'intégrer à son régime alimentaire si on est diabétique.

UNE MINE D'ANTIOXYDANTS

Pour une même quantité, le miel possède un pouvoir antioxydant équivalent à celui de la majorité des fruits et des légumes, ce qui devrait nous inciter à en consommer pour protéger notre organisme.

La majorité des antioxydants du miel sont des flavonoïdes. Ces derniers contribuent à neutraliser les radicaux libres du corps à l'issue d'une réaction d'oxydoréduction, ce qui aide à prévenir le développement de certains cancers et de maladies cardiovasculaires et neurodégénératives.

La quantité et le type de flavonoïdes contenus dans le miel varient selon la source florale. Les miels les plus foncés en contiendraient davantage que les miels plus pâles et auraient de ce fait une plus grande capacité antioxydante. Les miels de miellats auraient des concentrations d'antioxydants beaucoup plus élevées que les miels de nectar. Des chercheurs américains ont pour leur part démontré que les niveaux d'antioxydants augmentaient chez les personnes qui consommaient de 4 à 10 cuillères à café de miel par jour (en fonction du poids de la personne).

Le miel contre le cancer du sein

Les flavonoïdes contenus dans le miel contribueraient à désactiver les radicaux libres qui favorisent la croissance des tumeurs cancéreuses. De là à conclure que le miel protège contre le cancer, il y a un pas que l'on n'est pas prêt à franchir. Toutefois, des études encourageantes émettent l'hypothèse que la teneur en flavonoïdes du miel pourrait aider à protéger contre le cancer du sein. ◆

UN PRÉBIOTIQUE INTÉRESSANT

On peut attribuer au miel un rôle prébiotique, puisqu'il améliore la croissance, l'activité et la longévité des bifidobactéries et des lactobactéries, des bactéries essentielles au maintien de la microflore intestinale.

Les prébiotiques, des glucides non assimilables par notre organisme, jouent un rôle important dans l'équilibre de la flore microbienne de l'intestin. Ce sont des nutriments (polymères de glucide) qui favorisent le développement et le maintien des bactéries probiotiques (ces dernières sont les seules à pouvoir les utiliser pour se nourrir). Bien qu'ils ne soient pas absolument nécessaires, les prébiotiques permettent aux bactéries probiotiques de fonctionner de façon optimale.

Probiotiques vs prébiotiques

Les probiotiques sont, selon l'Organisation mondiale de la santé, des bactéries vivantes. Consommées régulièrement et en quantité suffisante, elles exercent un effet potentiellement bénéfique sur la santé. Elles modifient la flore de l'intestin de manière à y favoriser la présence des bonnes bactéries, et ce, au détriment des mauvaises.

Les prébiotiques sont généralement incorporés à des aliments contenant déjà des probiotiques. Ils se retrouvent aussi naturellement dans certains aliments tels que le miel, l'ail, les oignons, les asperges, les artichauts, les bananes, le blé et le seigle. ◆

DU MIEL POUR LUTTER CONTRE L'ANÉMIE ET LA DÉMINÉRALISATION

Grâce à ses sels minéraux, le miel contribue à la croissance en favorisant l'assimilation du calcium et la rétention du magnésium par l'organisme, deux minéraux essentiels à son bon fonctionnement. Les enfants qui mangent du miel quotidiennement se développeraient mieux que ceux qui consomment uniquement du sucre blanc. Leur calcification osseuse et dentaire serait meilleure et plus rapide.

En favorisant la production de globules rouges dans le sang, le miel aide également à combattre l'anémie. Il sera ainsi utilisé pour contrer les états de fatigue (asthénies) en cours de maladie ou postopératoires ; durant des convalescences médicales ou chirurgicales ; en cas de surmenage et d'épuisement physique, psychique ou intellectuel ; ainsi qu'en présence d'asthénie chronique chez les personnes âgées. Les miels foncés (de bruyère et de sapin, notamment) seraient les plus efficaces pour ces usages.

UN GRAND COMPLICE DU SYSTÈME DIGESTIF

En raison de ses propriétés laxatives, le miel aide à réduire la constipation occasionnelle. Il aurait aussi de bons effets contre les infections de l'estomac et de l'intestin.

Le miel est hyperpogroscopique, c'est-à-dire qu'il attire l'eau. Ce faisant, il régule la flore du gros intestin et favorise un bon fonctionnement du foie et du pancréas en activant la production de sucs digestifs plus efficaces. Il régule le transit intestinal et contribue à assurer le « confort digestif ». Le simple fait d'ajouter du miel à l'alimentation quotidienne d'un enfant peut suffir à faire disparaître les paresses intestinales de cet âge. Grâce aux amylases qu'il contient, des enzymes permettant la digestion de l'amidon, le miel favorise également l'assimilation des autres aliments.

L'action prébiotique du miel aide à combattre les germes pathogènes en cas de diarrhée. Il serait aussi efficace pour prévenir et aider à la guérison de certaines affections gastro-intestinales mineures, de même que l'inflammation et l'ulcère gastriques. Le miel réduirait l'adhérence des cellules bactériennes aux cellules épithéliales de l'intestin, ce qui empêcherait les bactéries de se fixer et de proliférer.

Un geste quotidien contre la constipation

Les personnes qui prennent du miel chaque jour n'ont pas besoin de laxatif. Une cuillère à soupe de miel par jour, pendant une semaine, suffit généralement à mettre fin à la constipation passagère.

Suppositoires laxatifs au miel

On peut fabriquer ses propres suppositoires en faisant cuire 2 c. à soupe de miel jusqu'à ce qu'il durcisse légèrement. Une fois tiède, on le façonne de manière à lui donner la forme d'un suppositoire.

Le miel et l'alcool : un bon ménage

Consommer du miel permettrait de diminuer de 30 % les effets de l'alcool et la pointe d'alcoolémie au moment de l'intoxication alcoolique, selon une étude réalisée en 2005. On a aussi remarqué que la combinaison miel et alcool réduisait d'environ 5 % l'intensité des symptômes causés par l'intoxication à l'alcool ou la gueule de bois. Par contre, pour arriver à ce résultat, une personne pesant 60 kg (132 lb) devrait ingurgiter 5 c. à soupe de miel, ce qui aura pour effet de faire grimper sa tension artérielle et son taux de triglycérides sanguins. Pas vraiment bon pour la santé cardiovasculaire ! Il est donc évidemment préférable de boire modérément... ◆

D'AUTRES VERTUS À EXPLORER

Les défenseurs du miel lui attribuent bien d'autres vertus. Le miel favoriserait la santé du système immunitaire grâce aux vitamines et aux sels minéraux qu'il contient et aiderait à lutter contre les états de faiblesse générale, notamment chez l'enfant. Il agirait contre les pertes d'appétit et les amaigrissements, particulièrement chez les jeunes enfants (de 1 an et plus) et les personnes qui digèrent difficilement le saccharose du sucre. Le miel intensifierait l'effet des médications diurétiques traditionnelles pour favoriser la production d'urine. Il fait ainsi partie du régime diététique de plusieurs personnes atteintes d'insuffisance rénale chronique.

LES BIENFAITS DES MIELS MONOFLORAUX*

Les miels monofloraux ont des caractéristiques et des propriétés particulières, liées à la fleur dominante dont ils proviennent. Les connaissances approfondies du Dr Yves Donadieu, qui s'est consacré pendant de nombreuses années au développement de thérapeutiques naturelles, permettent de dresser un portrait complet de la situation. En voici un aperçu.

Miel d'acacia

- Clair et transparent, de couleur jaune à auburn.
- Liquide.
- Odeur légère et subtile.
- Saveur très douce.

Calmant, reconstituant et bon régulateur intestinal (pour lutter contre les maux de ventre et la constipation), ce miel est indiqué pour contrer la paresse intestinale, particulièrement chez les

---

* 01sante.com

jeunes enfants. Comme les autres miels, il ne doit pas être administré à des nourrissons de moins de 1 an (voir encadré p. 79). Il est recommandé dans la prévention ou le traitement de troubles ou d'ulcères gastriques. Le miel d'acacia est idéal pour sucrer les boissons, froides ou chaudes.

Miel d'aubépine

◆ Légèrement ambrée, sa couleur est proche de celle de l'ivoire.
◆ Consistance onctueuse à granulation fine.
◆ Odeur très parfumée.
◆ Saveur douce et agréable.

Sédatif et antispasmodique, ce miel est efficace pour traiter l'insomnie, les palpitations et les états spasmodiques.

Miel de bruyère

◆ Couleur d'un brun foncé tirant sur le roux.
◆ Consistance sirupeuse très épaisse. Quelques mois après la récolte, il se cristallise sous formes de cristaux ronds mesurant de 2 à 3 mm.
◆ Odeur très prononcée.
◆ Saveur forte de caramel, un peu âpre et amère.
◆ Très riche en matières minérales.

Antianémique, antirhumatismal et diurétique, le miel de bruyère est réputé efficace contre les affections des voies urinaires et peut faire partie d'un régime diététique lié à l'insuffisance rénale chronique (après consultation médicale). On l'utilise également pour aider à contrer les états de déminéralisation, particulièrement chez les personnes âgées souffrant d'ostéoporose, et les états de fatigue. Facilitant la dissolution des calculs, il est idéal en cas de lithiases biliaires (communément appelées «pierres au foie»). En cuisine, on le retrouve souvent dans la fabrication du pain d'épices en raison de son arôme et de son goût prononcés.

Miel de châtaignier
- Couleur jaune foncé ou ocre.
- Consistance plutôt épaisse à cristallisation assez fine.
- Odeur forte et piquante.
- Saveur très relevée avec un goût de sous-bois très prononcé, une certaine âcreté et un arrière-goût légèrement amer.
- Riche en matières minérales.

Antianémique, ce miel aiderait à combattre la fatigue. Il favorise également la circulation sanguine. Il est indiqué pour les personnes souffrant de maladies circulatoires et pour prévenir les états de déminéralisation chez les personnes atteintes d'ostéoporose.

Miel d'eucalyptus
- Couleur jaune assez foncée ou ambrée.
- Liquide.
- Consistance pâteuse à granulation fine.
- Odeur forte légèrement mentholée.
- Saveur assez prononcée et agréable.

Ce miel est un antiseptique des voies respiratoires, urinaires et intestinales. Il aide à calmer la toux et les brûlures d'estomac. En plus de faciliter le transit intestinal, il interviendrait dans le soulagement des hémorroïdes et des varices.

Miel de lavande
- Couleur variant du blanc au blond.
- Liquide ou crémeux.
- Consistance onctueuse à granulation fine.
- Odeur délicate fort agréable.
- Saveur fine caractéristique et très agréable.

Excellent antiseptique et anti-inflammatoire pour les bronches et les poumons. Il a aussi des propriétés antispasmodiques. Ce miel est utilisé pour contrer les affections rhumatismales chroniques, notamment l'arthrose, et traiter les ulcères à l'estomac.

Miel d'oranger
- Couleur jaune doré et transparent.
- Consistance fluide à onctueuse et à cristallisation irrégulière.
- Odeur légèrement fruitée.
- Saveur douce très fine.

Ce miel est conseillé en cas d'insomnie, en particulier pour les enfants. Il aiderait également à soulager les migraines et à diminuer le stress. Il est utilisé en cas d'affections respiratoires ou rhumatismales chroniques, dont l'arthrose. Il a des propriétés antispasmodiques.

Miel de romarin
- Couleur pâle, presque blanche, parfois légèrement ambrée.
- Consistance onctueuse à pâteuse.
- Odeur caractéristique assez prononcée et fort agréable.
- Saveur douce et délicate.

Le miel de romarin stimulerait les fonctions hépatiques et augmenterait les sécrétions biliaires, ainsi que leur élimination, dans le cas d'ulcères. Il est conseillé en cas d'asthme et de difficultés digestives. C'est le *miel de Narbonne* que les Romains de l'Antiquité considéraient comme le meilleur au monde.

Miel de sapin

+ Couleur brun-noir aux reflets vert sombre.
+ Consistance liquide, parfois légèrement pâteuse.
+ Odeur aromatique marquée.
+ Saveur douce, maltée, sans amertume.
+ Riche en matières minérales.

On attribue à ce miel plusieurs propriétés : antianémique, diurétique, antiseptique et anti-inflammatoire des voies respiratoires. Il a un effet apaisant en cas de toux, de bronchite ou de maladies pulmonaires. Il est aussi indiqué en présence d'affections urinaires et dans les régimes diététiques liés à l'insuffisance rénale chronique. On l'utilise également pour combattre certaines formes d'anémie et de fatigue.

Miel de sarrasin

+ Couleur brun foncé.
+ Consistance épaisse.
+ Odeur caractéristique.
+ Saveur puissante très particulière.
+ Riche en matières minérales.

Ce miel est indiqué pour lutter contre certaines formes d'anémie, la fatigue (physique et mentale) et les états de déminéralisation (particulièrement chez les personnes âgées souffrant d'ostéoporose). On s'en sert aussi pour soutenir les convalescences médicales ou chirurgicales. Il est très utilisé en pâtisserie.

Miel de thym
- Couleur assez foncée, tirant sur l'orangé, voire le brun.
- Consistance onctueuse à pâteuse.
- Odeur fortement aromatique.
- Saveur parfumée très marquée.

Antiseptique général, stimulant des fonctions digestives, ce miel augmenterait aussi le tonus musculaire et favoriserait la récupération physique. Il est reconnu pour la prévention des maladies infectieuses, respiratoires et digestives. Le miel de thym est particulièrement recommandé pour la préparation des grogs.

Miel de tilleul
- Clair et transparent, de couleur jaune.
- Consistance assez épaisse, à cristallisation fine très lente.
- Odeur très parfumée.
- Saveur légèrement mentholée.

Sédatif et antispasmodique, le miel de tilleul est indiqué pour traiter la nervosité et les troubles qui en découlent : insomnie, palpitations, etc.

Miel de tournesol
- Couleur jaune citron.
- Consistance solide.
- Odeur assez forte.
- Saveur douce et légère.

Ce miel est indiqué pour les personnes présentant un taux élevé de cholestérol ou souffrant d'artériosclérose (durcissement de la paroi des artères).

Miel de trèfle

- ◆ Couleur blanc cassé ou ambrée très claire.
- ◆ Consistance onctueuse à granulation très fine.
- ◆ Odeur légère et agréable.
- ◆ Saveur délicate.

Le miel de trèfle augmenterait l'activité et le tonus physique ou psychique. Il est donc très recherché par les sportifs. Il est indiqué en cas de fatigue physique et mentale ou pour les convalescences médicales ou chirurgicales.

Le miel et le botulisme infantile

Le miel est le seul aliment qui a été lié au botulisme infantile au Canada. C'est pourquoi il est déconseillé d'en donner aux enfants de moins de I an.

 Le botulisme infantile est une maladie rare, qui se manifeste chez les tout-petits de 12 mois ou moins. Il est provoqué par une toxine synthétisée dans les aliments par la bactérie *Clostridium botulinum*. Les spores de la bactérie se développent dans l'intestin, où elles libèrent une neurotoxine qui cause divers symptômes et peut même entraîner la mort. Les nourrissons sont particulièrement sensibles puisque leur flore intestinale n'est pas assez mature pour digérer suffisamment rapidement les spores et en empêcher la germination. ►

► Mais dès qu'il atteint 1 an, l'enfant a développé des bactéries bénéfiques qui agissent comme défense naturelle. Les spores de *Clostridium botulinum*, présentes dans le miel, sont probablement transportées par les abeilles qui seraient en contact avec elles dans l'air, dans la poussière et au sol. Le miel pourrait aussi être contaminé lors de la récolte lorsque les pratiques d'hygiène sont déficientes. Toutes les variétés de miel peuvent être touchées, même les miels pasteurisés : les températures utilisées lors de la pasteurisation ne sont pas assez élevées pour tuer les spores qui causent le botulisme infantile.

Il reste qu'une faible quantité des miels sont affectés par la bactérie. On parle de moins de 5 % des miels vendus au Canada et en Europe. ◆

LES AUTRES PRODUITS DE LA RUCHE ET LA SANTÉ

Certains produits de la ruche sont employés depuis des milliers d'années pour leurs bienfaits sur la santé. En voici un aperçu.

La gelée royale : tonifiante et aphrodisiaque

La gelée royale est très prisée comme remède, notamment comme tonifiant. Mais quelques-unes de ses vertus alléguées, entre autres un effet aphrodisiaque, soulèvent la controverse. Certains voient même en elle un élixir magique puisqu'elle est associée à la croissance rapide des larves et à la longévité de la reine des abeilles.

Plus généralement, on lui reconnaît une action régulatrice de l'appétit et du système nerveux autonome, responsable des fonctions automatiques de l'organisme, comme la digestion et le fonctionnement des muscles cardiaques. Elle jouerait aussi un rôle dans l'amélioration de l'asthme et des infections grippales.

Employée depuis des millénaires en Chine, la gelée royale connaît un regain de popularité depuis environ 80 ans. On la trouve dans plusieurs préparations destinées au traitement des douleurs arthritiques, de l'hypertension artérielle, du diabète, de l'hépatite chronique, des troubles menstruels, de l'infertilité et de la fatigue. En médecine traditionnelle chinoise, on s'en sert comme tonique.

En Europe de l'Est et en Russie, la gelée est considérée comme un adaptogène, c'est-à-dire une substance qui accroît la résistance de l'organisme en causant un minimum d'effets indésirables. En Amérique du Nord et en Europe, on l'utilise de façon traditionnelle pour réduire la fatigue physique et intellectuelle, diminuer le stress, renforcer l'immunité, soutenir les convalescents et traiter les troubles sexuels et menstruels. Il existe cependant peu d'études scientifiques pour valider ces effets thérapeutiques.

Des essais *in vitro* ou sur des animaux indiquent que la gelée royale pourrait avoir un effet bénéfique sur l'équilibre hormonal des femmes ménopausées et les symptômes de la ménopause, en plus d'exercer une action immunostimulante et immunomodulatrice.

Une posologie adaptée

Bien qu'il s'agisse d'un produit naturel, la gelée royale ne doit être consommée que dans le cadre d'une posologie étudiée et surveillée en fonction de ses besoins personnels. Il est suggéré de commencer par une faible dose et d'augmenter celle-ci progressivement afin de détecter une possible allergie.

Une cure de gelée royale

La cure de gelée royale devrait commencer au début du printemps et de l'automne et s'étendre sur une vingtaine de jours. La dose quotidienne suggérée va de 50 à 250 mg de gelée royale lyophilisée ou de 150 à 750 mg de gelée royale fraîche, à prendre le matin, à jeun. Pour ceux qui n'aiment pas le goût de la gelée, il est possible de la mélanger avec du miel dans une proportion de 1,25 g de gelée pour 100 g de miel.

Des précautions à prendre

Les personnes allergiques au miel, au pollen, aux piqûres d'abeilles et aux plantes de la famille des composées (marguerite, échinacée, pissenlit, etc.) pourraient être allergiques également à la gelée royale. Des réactions allergiques et anaphylactiques ont été rapportées chez des personnes souffrant d'asthme ou d'eczéma atopique. La gelée appliquée sur la peau peut provoquer ou exacerber une dermite (inflammation de la peau).

La gelée royale sur le marché

La gelée royale est vendue principalement sous forme de mélange avec du miel, mais on peut aussi la trouver fraîche, vendue en pots, ou lyophilisée (séchée à froid), vendue en capsules. Il existe aussi des produits liquides, généralement présentés en ampoules, qui contiennent aussi du pollen, de la propolis ou du ginseng.

La gelée royale fraîche doit être conservée au congélateur, à l'abri de l'air, de l'humidité et de la lumière. Sa forme lyophilisée est moins sensible et se conserve plus longtemps.

Le pollen : des vertus qui restent à démontrer

En Occident, l'usage médicinal du pollen d'abeille remonte seulement au début du XXe siècle. Il a connu un essor important au cours des années 1970 lorsque des athlètes olympiques lui ont attribué leurs bonnes performances. Par la suite, la mise au point de techniques de désensibilisation progressive aux allergènes a ouvert un autre débouché pour le pollen. En Chine, il entre dans la composition de plusieurs préparations médicinales traditionnelles.

Les manufacturiers de pollen d'abeille font de nombreuses allégations, notamment dans Internet, et le qualifient de produit miracle, de complément alimentaire idéal, voire d'« aliment parfait ». Mais pour le moment, bien peu de données scientifiques appuient ces affirmations.

Des études et des essais cliniques laissent entendre que le pollen pourrait être efficace pour réduire la nycturie (émission d'urine plus importante la nuit que le jour) associée à l'hypertrophie bénigne de la prostate et en cas d'inflammation chronique non bactérienne de la prostate (prostatite). L'extrait de pollen aiderait aussi à réduire les bouffées de chaleur liées à la ménopause.

Une cure de pollen

Bien des gens font une ou même plusieurs cures de pollen par an, chacune pouvant durer une, deux ou trois semaines. La ration quotidienne dépend du traitement recherché et du type de pollen choisi (sec, frais, extrait, etc.). Une cure de pollen frais, par exemple, peut durer six semaines et être répétée deux fois par année. La dose minimale quotidienne pour un adulte est de 1 c. à soupe. Pour un enfant, 1 c. à café suffit. Le pollen peut être ajouté à du miel, à des boissons, aux salades, aux plats cuisinés froids ou aux desserts glacés.

Des précautions à prendre

Le pollen peut déclencher de fortes réactions chez les personnes allergiques au pollen ou, dans le cas du pollen d'abeille, aux produits de la ruche. On parle dans ce cas de démangeaisons, d'enflure et de troubles respiratoires, voire d'une réaction anaphylactique potentiellement fatale.

Des effets indésirables ont été notés chez les personnes souffrant d'insuffisance rénale. De plus, l'usage sécuritaire du pollen chez les femmes enceintes ou qui allaitent n'a pas été établi. Il est aussi recommandé de demander l'avis d'un médecin avant d'entreprendre une cure de pollen avec un enfant.

Pour toutes ces raisons, les médecins hésitent à conseiller à leurs patients de prendre du pollen. Comme sa composition peut varier de façon importante d'un produit à un autre et d'une saison à une autre, il est difficile de le considérer comme un supplément fiable.

Les produits de pollen sur le marché

Le pollen est une substance fragile qui doit être nettoyée et conservée avec soin avant d'être séchée, pour éviter la contamination avec des résidus de ruche, des pesticides ou des champignons. Il est donc préférable d'acheter un pollen dont le producteur affiche clairement ses coordonnées sur l'emballage.

Après la récolte, le pollen est soit congelé, soit séché. Une fois décongelé, il se conserve au réfrigérateur environ une semaine. Le pollen séché se conserve beaucoup plus longtemps s'il est gardé à l'abri de l'humidité, qui le rend toxique, et de la chaleur. Détérioré, il peut déclencher des troubles digestifs.

Les pelotes de pollen séchées sont vendues telles quelles ou réduites en poudre. Cette poudre est offerte en vrac, mise en capsules ou en comprimés, ou incorporée à diverses préparations nutritionnelles ou thérapeutiques.

Le pollen monofloral existe sous trois formes :
◆ en pelotes naturelles présentées habituellement dans des pots en verre ou en plastique. On trouve cette forme dans les magasins offrant des produits diététiques ou directement auprès des apiculteurs. Certaines présentations sont aromatisées ;
◆ en poudre, le plus souvent vendue en vrac ou en gélules à conserver dans un endroit bien sec ;
◆ en extraits purifiés, vendus en pharmacie.

Le pollen en association est vendu sous diverses formes impliquant d'autres produits diététiques : miel, gelée royale, propolis, argile, etc. La teneur en pollen varie selon les spécialités. Il est donc important de suivre les posologies adultes et enfants, mentionnées par le fabricant.

Une affaire de goût

Le goût du pollen se rapproche plus ou moins du goût du foin ou de la paille. Il n'est donc pas toujours agréable à consommer. C'est pourquoi on suggère souvent de le dissoudre dans une petite quantité d'eau, ou encore de le mélanger à du jus d'orange ou à du miel. Même s'il faut éviter de le cuire pour ne pas détruire ses agents actifs, on peut ajouter le pollen à du lait chaud ou à des potages. La ration quotidienne dépend du traitement recherché. ◆

La propolis : des vertus multiples

On attribue à la propolis de nombreuses propriétés thérapeutiques. Il a été prouvé scientifiquement qu'elle a des vertus antimicrobiennes, antivirales, anti-inflammatoires et antioxydantes.

Des études ont montré des résultats encourageants dans la guérison des lésions de l'herpès génital et le traitement de la vaginite. La propolis appliquée sur les plaies et les infections de la muqueuse buccale (gingivite, parodontite, abcès, blessures, champignons) favoriserait leur guérison ; elle réduirait la récidive d'aphtes, une ulcération superficielle d'origine virale, siégeant sur les muqueuses de la bouche.

Des bienfaits légendaires

Les Grecs anciens connaissaient probablement une partie de ces bienfaits puisque Aristote fait référence à la propolis comme un « remède aux affections de la peau, plaies et suppurations », dans son *Histoire des animaux*. Au XIIe siècle, des livres de médecine russes indiquent que la propolis entre dans la composition de nombreux remèdes. En France, aux XVIIIe et XIXe siècles, on trouve des traces de son usage dans le traitement des plaies. Et dans les années 1900, les médecins de l'armée anglaise l'employaient pour désinfecter les blessures et faciliter leur cicatrisation durant la Guerre des Boers en Afrique du Sud. ◆

Les usages traditionnels

Quelques essais cliniques ont confirmé plusieurs des usages traditionnels de la propolis, par exemple pour le traitement de lésions découlant d'un herpès. Elle serait aussi efficace qu'une crème médicamentée pour le traitement des brûlures et qu'un médicament pour la giardase, une infection intestinale attribuable à un parasite. La propolis a une action comparable à celle de certains antifongiques de synthèse utilisés pour combattre les infections causées par des champignons. Elle peut aussi augmenter l'action d'un antibiotique (clarithromycine) prescrit contre la bactérie *Helicobacter pylori*, qui cause les ulcères gastriques. Il semble qu'elle puisse également améliorer l'efficacité de certains antibiotiques utilisés contre la salmonelle.

La propolis sur le marché

On trouve la propolis sous plusieurs formes : morceaux bruts, capsules, comprimés, gomme à mâcher, extraits fluides ou secs, savon, dentifrice, pommade, etc. Certains sirops, remèdes à base de plantes ou suppléments vitaminiques et minéraux en renferment des quantités variables. Elle entre également dans la composition de produits antiseptiques et bactéricides.

Il existe notamment des rince-bouche contenant des pourcentages variables de propolis et des onguents pour traiter les brûlures, les plaies cutanées, les infections vaginales et l'herpès génital.

Propolis et allergie : attention !

Il est recommandé de cesser les applications de propolis en cas de réaction allergique ou en l'absence de résultats au bout de deux à trois semaines. La prise de propolis ne devrait jamais durer plus de trois semaines puisque le risque de développer une allergie augmente avec la durée du traitement. ◆

Les vertus

cosmétiques du miel

«La vertu accouplée à la beauté, c'est le miel servant de sauce au sucre.»

William Shakespeare

C'est en Égypte que l'on trouve trace des premiers conseils de beauté ayant recours au miel. Qui n'a pas entendu parler des caprices de la reine Cléopâtre qui aimait se baigner dans un mélange de lait d'ânesse et de miel et qui, pour illuminer son teint, utilisait une poudre de perles fines et de miel ? Les Grecques et les Romaines utilisaient le lait miellé pour préserver la douceur de leurs mains et un mélange de jus d'oignon, de narcisse et de miel pour avoir une peau lisse. Chez les Vénitiennes, on préférait un mélange de miel, de glycérine et de savon en poudre, parfumé au benjoin pour adoucir la peau. Mais qu'en est-il réellement des vertus beauté du miel?

LE MIEL, UN RÉGÉNÉRATEUR DE L'ÉPIDERME

Les propriétés qui ont fait du miel un traitement antiseptique et un baume pour la guérison des infections et la cicatrisation des tissus en font aussi un régénérateur naturel des couches superficielles de l'épiderme. Pas étonnant que les laboratoires de cosmétologie l'utilisent dans la préparation de plusieurs produits de beauté!

Les fabricants attribuent de nombreux bienfaits au miel, qu'ils ajoutent dans nombre de leurs produits: savons, gels, crèmes hydratantes, masques, exfoliants, bains moussants, etc. Bien que les recherches qui accréditent les dires des fabricants soient rares et semblent confinées aux laboratoires de cosmétiques, certains petits trucs beauté connus s'avèrent tout à fait efficaces.

LES SOINS NETTOYANTS POUR LE VISAGE

Masque nettoyant
 50 g (1 tasse) de flocons d'avoine crus
 2 c. à soupe de miel
 ½ petit pot de yogourt entier nature

Mélanger tous les ingrédients dans un bol. Étaler cette préparation sur le visage. Laisser agir 15 minutes. Rincer à l'eau tiède.

Exfoliant au miel et aux amandes
  8 amandes entières non blanchies
  2 c. à soupe de flocons d'avoine crus
  1 c. à soupe de miel
  2 c. à café de yogourt nature ou de crème sure

Moudre les amandes et les flocons d'avoine au mélangeur électrique. Verser ce mélange dans un bol. Incorporer le miel et le yogourt. Appliquer le mélanger sur le visage et le cou. Laisser agir 10 minutes. Masser délicatement, en petits cercles, le visage et le cou pendant quelques minutes avec les mains humides. Rincer à l'eau tiède.

LES SOINS HYDRATANTS POUR LE VISAGE

La richesse en sucre du miel facilite la fixation des molécules d'eau qui protègent la peau de la déshydratation et l'aident à conserver sa souplesse et sa douceur. En vieillissant, la peau perd sa capacité à retenir l'eau en raison des agressions qu'elle subit : froid, soleil, vent, pollution, agents chimiques, etc. Elle devient sèche et commence à rider. Pour la réhydrater, il est important de lui apporter des soins, grâce à des crèmes qui hydratent sans être grasses. Le miel répond parfaitement à ces critères.

Chez les personnes qui ont une peau sèche, le miel servira à hydrater la peau et à la rendre douce. Chez celles qui ont la peau grasse, il permettra de limiter au minimum la production de sébum par les glandes sébacées.

Une peau bien propre

Pour maximiser les effets d'un masque
hydratant à base de miel, il est important de
nettoyer la peau à l'eau tiède, sans utiliser de
savon, avant de l'appliquer. On laisse le
masque agir de 10 à 15 minutes. On complète
le soin avec une lotion ou une crème
hydratante pour fermer les pores de la peau. ◆

Masque hydratant à base de miel
   2 c. à soupe de miel
   2 c. à café de lait

Mélanger le miel et le lait dans un bol. Appliquer ce mélange sur
le visage. Laisser pénétrer 10 minutes en massant. Rincer à l'eau
tiède.

L'argile

Le miel et l'argile sont bénéfiques pour tous
les types de peaux. Combinés, ils aident à
nourrir la peau et à la nettoyer. ◆

Masque nourrissant à l'argile et au miel
   1 c. à soupe de miel
   3 c. à soupe d'argile verte en poudre

Dans un bol, bien mélanger le miel et l'argile jusqu'à l'obtention d'une pâte onctueuse. Appliquer la crème obtenue sur le visage et le cou. Laisser agir 15 minutes. Rincer à l'eau tiède.

Masque nourrissant à l'avocat et à la carotte
   4 c. à café de crème fraîche épaisse
   1 avocat, réduit en purée
   1 carotte cuite, réduite en purée
   2 c. à soupe de miel

Mélanger tous les ingrédients dans un bol. Étaler cette préparation sur le visage et le cou. Laisser agir de 10 à 15 minutes. Rincer à l'eau tiède.

Un choix idéal pour les peaux sensibles

Le miel est reconnu comme anti-irritant ; il apaise les peaux sensibles. C'est pourquoi il peut être employé tant chez les enfants que chez les adultes. On peut l'appliquer directement sur la peau. La cosmétologie utilise principalement les miels liquides. ◆

Masque hydratant pour peau sèche
   1 c. à soupe de miel
   1 œuf

Dans un bol, mélanger le miel et l'œuf. Appliquer le mélange sur le visage. Laisser reposer 10 minutes. Rincer à l'eau tiède. Ce masque contribue à humidifier la peau et lui redonne son éclat.

Masque apaisant pour peau grasse et irritée
   1 tranche épaisse de concombre, pelée
   1 c. à soupe de miel
   1 c. à soupe de lait
   1 c. à soupe d'argile blanche

Presser la tranche de concombre pour en extraire 1 c. à soupe de jus. Verser le jus dans un bol, ajouter les autres ingrédients et bien mélanger. Étaler cette préparation sur le visage. Laisser agir 20 minutes. Enlever le masque avec un coton imbibé d'eau minérale.

LES SOINS RÉGÉNÉRATEURS POUR LE VISAGE

Le miel régénérerait les cellules superficielles de la peau en activant la circulation dans les capillaires, les fins vaisseaux sanguins qui amènent le sang aux cellules. Des chercheurs ont démontré que le miel contient une grande quantité d'antioxydants, qui aident à prévenir le vieillissement de la peau. Ils jouent également un rôle important dans la protection contre les rayons UV.

Parce qu'il contient également des minéraux, des vitamines et des acides aminés, le miel tonifie et nourrit les cellules cutanées, en plus de favoriser leur multiplication.

Masque raffermissant au miel et à la pomme
1 pomme
5 c. à soupe de miel

Peler et épépiner la pomme. Dans un bol, la faire ramollir au four à micro-ondes jusqu'à ce qu'elle soit facile à écraser à la fourchette. Ajouter le miel à la pomme écrasée. Appliquer le mélange sur les endroits où la peau a perdu son élasticité : visage, cou et buste. Laisser agir 20 minutes. Essuyer avec un papier absorbant, puis rincer à l'eau tiède.

Masque adoucissant au yogourt
1 petit morceau de banane écrasé
1 c. à soupe de miel
½ petit pot de yogourt entier nature

Bien mélanger tous les ingrédients dans un bol. Étaler cette préparation sur le visage. Laisser agir 10 minutes. Rincer à l'eau tiède.

Masque affinant pour le grain de la peau
1 c. à soupe de miel
Quelques gouttes de jus de citron

Bien mélanger le miel et le jus de citron dans un petit bol. Étaler cette préparation sur le visage. Laisser agir 20 minutes. Rincer à l'eau tiède.

Masque antirides
   1 c. à soupe de farine de pois chiches
   1 blanc d'œuf, battu en neige
   1 c. à café de miel liquide

Bien mélanger tous les ingrédients dans un bol. Étaler cette préparation sur le visage. Laisser agir 20 minutes. Rincer à l'eau tiède.

LES SOINS CIBLÉS POUR LES TACHES BRUNES ET L'ACNÉ DU VISAGE

Le miel est reconnu pour ses vertus cicatrisantes. Il aide à lutter contre les infections, aussi bien en ingestion qu'en application locale. Il est recommandé aux personnes qui ont une peau sèche et fatiguée, mais aussi à celles qui possèdent une peau acnéique, en raison de ses propriétés antiseptiques. Il agit également de manière efficace contre les rides et les taches brunes.

Crème contre l'acné
   1 c. à soupe de miel
   1 ½ c. à café de cannelle moulue

Dans un petit bol, bien mélanger le miel et la cannelle. Appliquer une mince couche du mélange sur la peau du visage propre et sèche. Laisser agir 15 minutes. Rincer à l'eau tiède. Répéter l'opération trois fois par semaine. Quand l'acné commence à disparaître, passer à deux applications par semaine, puis à une seule.

LES SOINS POUR LE CORPS

Bain hydratant au miel
Ajouter 60 ml (¼ tasse) de miel à l'eau du bain. Bien mélanger pour que le miel se disperse.

Bain moussant au miel et à la vanille (pour 4 bains)
  250 ml (1 tasse) d'huile d'amande douce (ou d'huile d'olive légère)
  125 ml (½ tasse) de miel
  125 ml (½ tasse) de savon liquide (doux pour les mains)
  1 c. à soupe d'extrait de vanille

Verser l'huile dans un bol. Ajouter les autres ingrédients et bien mélanger. Verser 4 c. à soupe de ce mélange dans le bain sous l'eau du robinet. Conserver le reste de cette préparation dans une bouteille hermétique. Secouer la bouteille avant chaque utilisation.

Baume pour les lèvres
  1 c. à café de cire d'abeille
  1 c. à soupe d'huile d'amande douce (ou d'huile d'argan)
  ½ c. à café de miel liquide
  4 à 6 gouttes d'huile essentielle, au choix (bois de rose, lavande, verveine citronnée, menthe poivrée)

Faire fondre la cire d'abeille et l'huile au bain-marie. Dans le mélange tiède, incorporer le miel, puis l'huile essentielle choisie. Étendre une mince couche sur les lèvres, au besoin.

LE MIEL À LA RESCOUSSE DE VOS CHEVEUX

Bien que sa texture collante puisse sembler rebutante, le miel fait des merveilles pour lisser et faire briller les cheveux. On le trouve d'ailleurs dans de nombreux shampoings ou après-shampoings vendus dans le commerce.

Le miel hydrate et régénère les couches superficielles du cuir chevelu. Il lisse et fait briller les cheveux, leur donne du volume et prévient la formation des pellicules. De plus, il redonne de l'élasticité et de la souplesse aux cheveux endommagés par les divers traitements chimiques, comme les colorations et les permanentes, en rétablissant le pH acide du cuir chevelu. Les fabricants de produits cosmétiques et de soins gardent pour eux leurs études sur ces vertus, mais qu'importe, les résultats sont là !

Ces bienfaits sur les cheveux et le cuir chevelu sont attribuables à la composition du miel. Naturellement riche en minéraux, en oligo-éléments, en vitamines et en substances antibiotiques, le miel nourrit le cuir chevelu. Les sucres et l'eau qu'il contient favorisent l'hydratation des cheveux et des fibres capillaires en aidant les molécules d'eau à s'y fixer.

Le miel permet de prendre soin de sa chevelure de manière naturelle et moins coûteuse que les produits vendus sur le marché. Pour fabriquer vos lotions et vos masques hydratants, optez idéalement pour des miels biologiques, liquides, et évitez de les chauffer à plus de 40 °C (104 °F) afin de ne pas altérer leurs propriétés.

Crème nourrissante avant-shampoing
   1 jaune d'œuf
   1 c. à soupe de miel

Bien mélanger le jaune d'œuf et le miel. Étendre le mélange sur les cheveux mouillés. Recouvrir la chevelure d'une pellicule plastique et laisser agir 10 minutes. Laver les cheveux comme à l'habitude.

Masque capillaire hydratant au miel sans rinçage
   1 petite bouteille d'eau
   2 c. à café de miel liquide

Mettre le miel dans la bouteille d'eau et secouer jusqu'à ce qu'il soit complètement dilué. Appliquer sur des cheveux propres et humides, de la racine aux pointes. Ne pas rincer.

Masque capillaire nourrissant au yogourt et au miel
   1 petit pot de yogourt nature
   2 c. à soupe d'huile d'olive
   1 à 2 c. à soupe de miel
   1 à 2 c. à café de citron (pour la brillance)

Bien mélanger tous les ingrédients. Appliquer cette préparation sur les cheveux secs. Recouvrir les cheveux d'une pellicule plastique et d'une serviette chaude. Laisser agir 30 minutes. Rincer à l'eau tiède.

Masque hydratant pour cheveux secs
   1 c. à soupe de miel
   1 c. à soupe d'huile d'avocat ou de ricin (on peut utiliser
   l'huile d'olive, mais le cheveu sera plus fou)

Bien mélanger tous les ingrédients. Appliquer cette préparation sur les cheveux secs. Laisser agir 30 minutes. Rincer à l'eau tiède.

Variante : Pour un masque plus nourrissant et restructurant, ajouter 1 c. à soupe de gel d'aloès ou un jaune d'œuf.

Masque capillaire brillance
   125 ml (½ tasse) d'huile d'olive vierge
   3 c. à soupe de miel liquide
   2 gouttes d'huile essentielle de romarin

Mélanger tous les ingrédients dans un bol jusqu'à ce que la consistance soit fluide. Appliquer cette préparation sur l'ensemble de la chevelure. Laisser agir 20 minutes. Rincer à l'eau tiède, puis laver comme à l'habitude.

Masque capillaire embellissant au miel et à la bière
   1 cannette de bière blonde
   1 c. à café de miel
   4 c. à café d'eau chaude

Ouvrir la cannette de bière et la laisser reposer 20 minutes. Dans un verre, diluer le miel dans l'eau chaude. Verser la bière sur les cheveux fraîchement lavés et laisser agir 2 minutes. Rincer à l'eau froide. Terminer de rincer avec l'eau miellée. Laisser les cheveux sécher naturellement. L'odeur de la bière disparaît au bout de quelques heures.

Masque réparateur au miel et à l'huile de pépins de raisin
   1 jaune d'œuf
   1 c. à café de jus de citron
   1 c. à soupe de miel
   1 c. à soupe d'huile de pépins de raisin, d'olive ou d'amande douce
   3 gouttes d'huile essentielle de lavande
   3 gouttes d'huile essentielle de romarin

Dans un bol, bien mélanger tous les ingrédients. Étaler cette préparation sur les cheveux mouillés et bien essorés. Masser doucement pour faire pénétrer. Recouvrir les cheveux d'une pellicule plastique et d'une serviette chaude. Laisser reposer 1 heure, ou toute la nuit si possible. Laver les cheveux deux fois avec un shampoing doux, puis rincer à l'eau froide.

Masque capillaire éclaircissant
Mélangé à de l'eau distillée, le miel est aussi utilisé pour donner des reflets plus clairs à la chevelure (de ¼ à ½ ton de moins). Pour arriver à de tels résultats, il faut compter une part de miel pour six parts d'eau, avec un minimum de 1 ¼ c. à café de miel. Le mélange peut être appliqué sur des cheveux secs ou mouillés. Il n'est pas nécessaire qu'ils soient fraîchement lavés. Laisser le masque agir durant au moins 1 heure. Couvrir les cheveux d'une pellicule plastique ou d'une serviette humide afin qu'ils restent complètement mouillés pendant la durée du traitement. Laver ensuite les cheveux comme à l'habitude.

LES AUTRES PRODUITS DE LA RUCHE ET LA BEAUTÉ

Le pollen
Le pollen exerce des propriétés calmantes, décongestionnantes et nutritives pour la peau. Il est recommandé en cas de fragilité des ongles et de chute des cheveux. Il convient particulièrement aux peaux sèches, matures et fatiguées.

La gelée royale
La gelée royale est riche en acides aminés, en oligo-éléments et en vitamines B_5, qui favorise la pousse des cheveux et des ongles. Elle aurait des propriétés régulatrices de la séborrhée et de l'acné. La gelée royale redonne de l'éclat à la peau, ralentit le vieillissement cutané et réduit les taches pigmentaires liées à l'âge.

La propolis
Les préparations à base de propolis favorisent la cicatrisation des blessures et la régénération des tissus (brûlures au second degré, eczéma). Comme elle possède des propriétés antioxydantes, la propolis neutralise les radicaux libres responsables du vieillissement cellulaire. On l'utilise également contre les caries dentaires, les aphtes et l'inflammation des gencives.

La cire d'abeille
La cire d'abeille sert d'abord d'agent de texture pour épaissir et stabiliser les émulsions, les onguents, les rouges à lèvres et les crèmes. Elle entre dans la fabrication de savons ainsi que dans celle des boules de protection auditive, de certaines pilules, de moules dentaires, etc. Elle est également connue pour ses effets antimicrobiens et assainissants.

Le miel

en cuisine

« Le miel n'est pas fait pour la bouche de l'âne. »

Miguel de Cervantès,
extrait de *Don Quichotte*

Le miel a longtemps servi à donner de la saveur aux plats, avec les épices et les fruits, frais ou secs, jusqu'à ce que le sucre de canne, puis le sucre de betterave deviennent les édulcorants les plus couramment consommés.

Les plats cuisinés sucrés ou aigres-doux ont occupé une place de choix dans la cuisine médiévale européenne, avec des variantes régionales. Les recettes de viande ou de poisson sucrés sont nombreuses chez les Catalans, les Italiens et les Anglais, alors que les Français semblent préférer les saveurs acidulées. La quantité de recettes contenant du sucre varie également dans le temps. La cuisine de la Renaissance, par exemple, est plus sucrée que la cuisine des siècles qui l'ont précédée.

L'essor des plantations de canne à sucre a chamboulé la gastronomie au cours du XVIIᵉ siècle. Le prix du sucre a alors baissé et sa consommation s'est démocratisée. Le goût du sucré s'est ainsi développé au détriment des goûts acidulé, épicé et aigre-doux. Dès lors, on a commencé à faire une distinction entre les plats salés du repas et les plats sucrés réservés au dessert. La pâtisserie a connu un gros boum ; on a créé de nombreuses recettes de gaufres, de tartes ou de compotes de fruits, de nougat et de fruits confits dans du miel. La cuisine française ne tolérait alors que de rares recettes mélangeant le sucré et le salé, comme le canard à l'orange.

Il faudra pratiquement attendre la mode de la cuisine asiatique pour redécouvrir le plaisir des plats à la fois sucrés et épicés. Aujourd'hui réinvité dans les assiettes, le duo sucre/épices offre du même coup au miel une place de choix à table.

POURQUOI METTRE LE MIEL AU MENU ?

Ajouter le miel à son menu, c'est une façon de sucrer ses plats avec un produit 100 % naturel. Dans la mesure où le miel est consommé dans l'état où les abeilles le fournissent, il s'agit d'un aliment pur, sans additif alimentaire ni agent de conservation. Facile à trouver, peu coûteux, il offre aussi une variété de textures et de saveurs.

On l'a vu au chapitre 2, la couleur, la texture et la composition du miel sont étroitement liées à son origine, tout comme son goût. Un miel foncé aura généralement une saveur plus prononcée. Et un miel de fleur n'aura pas le même arôme que celui produit à partir du nectar de luzerne, par exemple. Cette variété de parfums permet d'offrir une infinité de saveurs aux plats cuisinés.

Que contient une « portion » de miel ?

1 c. à soupe de miel	
Calories	65
Protéines	0,1 g
Glucides	17,7 g
Lipides	0,0 g
Fibres alimentaires	0,0 g

Source : Santé Canada. *Fichier canadien sur les éléments nutritifs*, 2005. ◆

Du point de vue nutritionnel, le principal avantage du miel sur le sucre blanc est son pouvoir sucrant deux fois plus élevé, qui fait qu'on le consomme en quantité moindre. De plus, son apport calorique est moins important, soit environ 300 calories pour 100 g, comparativement à 400 pour la même quantité de saccharose raffiné, dévitalisé et blanchi.

S'arrêter uniquement à ces considérations serait passer outre les bienfaits du miel sur le plan de la santé. Par exemple, le miel permet de conserver son énergie toute la journée et d'éviter ainsi le coup de fatigue de fin de matinée. Il serait source de longévité, renforcerait le système immunitaire et favoriserait le bon fonctionnement du cœur et des intestins. Sa teneur en fructose et en glucose permet une assimilation directe de ces sucres naturels dans l'organisme humain.

Attention aux caries !

La forte teneur en glucides du miel fait qu'il peut causer des caries dentaires, tout comme le sucre. Il peut aussi provoquer l'érosion de l'émail, ce qui augmente la sensibilité des dents. On sort la brosse dès qu'on a mangé du miel ! ◆

LA CONSERVATION

Le miel devrait être consommé dans l'année qui suit sa récolte, mais il est possible de le conserver à la température ambiante, entre 18 °C et 24 °C (entre 64 °F et 75 °F), pendant 1 ou 2 ans. On peut le garder à des températures plus élevées pendant de courtes périodes, mais en cas de chaleur prolongée, il est préférable de le mettre au réfrigérateur. Si le pot est hermétique et placé dans un endroit frais et sec, à l'abri de la lumière, à une température qui se maintient autour de 15° C (59 °F), il est possible de prolonger la période de conservation.

Le miel non pasteurisé devrait être conservé au frais, à environ 10 °C (50 °F), ou placé au réfrigérateur pour éviter une éventuelle fermentation. Il est aussi possible de le congeler sans en altérer la qualité.

LA CRISTALLISATION

La couche blanchâtre qui apparaît à la surface de certains miels est la conséquence d'un phénomène naturel. Elle est causée par la montée de minuscules bulles d'air pendant la cristallisation. Le miel a tendance à se cristalliser à la température de la pièce (le froid accélère le phénomène), mais ce processus n'est pas un indice de détérioration. Le miel redevient liquide lorsqu'on place le contenant dans l'eau chaude (bain-marie) une quinzaine de minutes. Il est préférable d'éviter de chauffer le miel au four à micro-ondes, car cela augmente la teneur en hydroxyméthyl furfural (HMF), un composé organique issu de la déshydratation des sucres, qui en modifie le goût. Le chauffage affecte aussi les propriétés du miel.

REMPLACER LE SUCRE PAR DU MIEL

Dans la plupart des recettes de pâtisserie, de sauces ou de marinades, on peut remplacer 200 g (1 tasse) de sucre raffiné ou de cassonade par 160 ml (⅔ tasse) de miel. Comme le miel contient de l'eau, on réduit aussi du quart les autres ingrédients liquides pour chaque portion de 250 ml (1 tasse) de miel employée. Il s'agit alors de surveiller le temps de cuisson et de diminuer la température de cuisson de la recette originale de 15 °C (25 °F), car le miel tend à faire brunir les aliments plus rapidement.

Il est préférable de consommer le miel sans cuisson pour profiter de ses atouts thérapeutiques.

Bon à savoir
Le miel se mesure plus facilement quand il est tiède et si on le verse dans un récipient huilé (l'huile l'empêche de coller). ◆

LE MIEL DANS LES BOISSONS CHAUDES

Le mariage du miel avec les infusions, dont le thé, est particulièrement intéressant, surtout si on assortit la saveur du miel à celle de
l'infusion : miel de tilleul avec la tisane de tilleul, miel d'oranger
avec l'infusion d'oranger, etc. À noter que les miels foncés ont tendance à noircir les infusions dans lesquelles ils sont dissous. Le
phénomène est attribuable à leur richesse en fer, qui précipite le
tanin contenu dans les infusions de certaines plantes, dont le thé.
On peut éviter cette réaction en utilisant un miel clair.

LE MIEL ET LES TARTINADES

Lors de la fabrication de confitures et de gelées, il est possible de
remplacer la moitié, ou même la totalité, du sucre par le même
poids de miel de fleurs. Le résultat sera moins sucré et le goût du
fruit ressortira davantage. La consistance et la couleur seront légèrement différentes.

Tartinade à l'arachide et au miel
   175 g (⅔ tasse) de beurre d'arachide non sucré
   125 ml (½ tasse) de miel
   1 c. à café de cannelle moulue

Bien mélanger le beurre d'arachide et le miel. Incorporer la cannelle. Tartiner ce mélange sur une tranche de pain frais.

Un peu de vocabulaire
Le nom « confiture » vient du verbe
« confire » (issu du latin *conficere*, qui signifie
« préparer »). Il est utilisé dès le XIIIᵉ siècle
pour désigner les aliments cuits dans du miel
ou du sucre, que nous appelons aujourd'hui
« confiseries » : fruits confits, pâtes de fruits,
nougats, bonbons et confitures. ◆

DES ASTUCES POUR INTÉGRER LE MIEL AU QUOTIDIEN

Il suffit d'un peu d'imagination pour ajouter le miel à son menu quotidien. Voici quelques recettes faciles à réaliser.

Boissons (au miel)

Verser le jus de 1 citron dans un grand verre d'eau et ajouter 1 c. à soupe de miel.

Légumes glacés (au miel)

Cuire à la poêle un mélange de légumes asiatiques : choux chinois, pois mange-tout, champignons shiitake et oignons. Quand ils sont cuits mais encore fermes, ajouter un peu de sauce soya et de miel.

Autre suggestion : Glacer de petits oignons, des rondelles de carotte, des lanières de poivron, etc., en les faisant revenir dans du beurre ou de l'huile jusqu'à ce qu'ils soient tendres. Ajouter du miel et un peu de vinaigre. Finir la cuisson à feu fort en remuant.

Noix pralinées (au miel)

Mélanger des noix et des noisettes avec du miel, un peu de beurre, de la cannelle et du zeste d'orange. Faire rôtir au four jusqu'à ce que les noix soient dorées.

Sauce au miel (poisson et volaille)

Mélanger en parts égales eau, jus de citron et vin blanc et porter à ébullition. Ajuster les quantités en fonction de la quantité de viande ou de poisson. Ajouter un peu de fécule de maïs (délayée dans de l'eau froide), de l'ail haché, du zeste de citron, des fines herbes (estragon, thym, persil, basilic) et quelques c. à soupe de miel. Cuire jusqu'à ce que la sauce épaississe. Réserver au chaud. Griller des filets de poisson ou de la volaille et servir avec la sauce.

Soupes arômatisées

Une touche de miel dans la soupe

Ajouter une note sucrée à un gaspacho, à un potage à la carotte, à la citrouille ou à la courge, en y intégrant 1 ou 2 cuillerées de miel.

Vinaigrettes (au miel)

Ajouter une touche de miel dans une vinaigrette faite à base d'huile d'olive, de vinaigre balsamique et de moutarde. Voici une recette : mélanger 3 portions d'huile pour 1 à 2 portions de vinaigre. Ajouter 1 pointe d'ail, environ 1 portion de moutarde de Dijon et 1 portion de miel, au goût. Verser sur une salade composée de cresson d'eau, de fines tranches d'oignon doux et de quartiers d'orange.

Autre suggestion : Mélanger le jus de 1 citron, de la moutarde et 2 c. à soupe de miel. Ajouter sel, poivre et huile d'olive. Verser sur des feuilles de laitues variées.

LE MIEL AU MENU

Voici quelques recettes pour ajouter du miel à vos menus quotidiens et vous permettre de profiter de ses nombreux bienfaits.

Smoothie à l'avocat et au miel
Préparation : 5 min
Portion : 1

2 c. à soupe de jus de citron
½ avocat bien mûr, pelé et dénoyauté
100 ml (⅜ tasse) de lait
100 g (⅜ tasse) de yogourt nature
1 c. à soupe de miel liquide
½ c. à café de zeste de citron (facultatif)

1. Mettre le jus de citron, l'avocat, le lait, le yogourt et le miel dans un mélangeur. Mélanger jusqu'à l'obtention d'une préparation lisse et homogène.
2. Verser la préparation dans un verre haut. Parsemer du zeste de citron haché, au goût. Servir frais au petit-déjeuner ou comme collation santé.

Cocktail apéritif au miel
Préparation : 5 min
Portion : 1

1 c. à soupe de sucre
85 ml (⅓ tasse) de rhum blanc
170 ml (⅔ tasse) de jus d'orange sanguine
2 à 3 c. à café de miel

1. Décorer le bord d'un verre à vin avec le sucre.
2. Verser le rhum et le jus de pamplemousse dans le verre. Ajouter le miel et bien mélanger. Servir frais.

Variante :   Remplacer le rhum par la même quantité de vodka et un soupçon de liqueur de banane.

Chèvre chaud au miel
Préparation : 5 min
Cuisson : 10 min
Portions : 4

4 belles tranches de pain épaisses
1 c. à soupe de miel liquide
4 crottins de chèvre (Chavignol ou autre)
4 petites branches de thym frais
2 c. à soupe d'amandes hachées (facultatif)
Sel et poivre, au goût

1. Préchauffer le four à 180 °C (350 °F).
2. Badigeonner chaque tranche de pain de miel. Déposer un crottin de chèvre sur chaque tartine. Saler et poivrer. Cuire au four environ 10 min ou jusqu'à ce que le fromage commence à fondre.
3. Retirer du four, garnir de thym et parsemer d'amandes hachées, au goût. Servir en entrée, accompagné de petites verdures.

Filet de porc aux cinq épices
Préparation : 5 min
Cuisson : 20 min
Portions : 4

60 ml (¼ tasse) de sauce hoisin
60 ml (¼ tasse) de miel liquide
60 ml (¼ tasse) de ketchup
1 gros oignon, haché finement
½ c. à café de cannelle moulue
½ c. à café de fenouil moulu
½ c. à café de clou de girofle moulu
1 c. à soupe d'huile d'olive
2 filets de porc de 225 g (½ lb) chacun
Sel et poivre fraîchement moulu, au goût

1. Préchauffer le four à 190 °C (375 °F).
2. Préparer la sauce en mélangeant la sauce hoisin, le miel, le ketchup, l'oignon et les épices.
3. Dans une grande poêle, faire chauffer l'huile d'olive à feu moyen-vif et faire dorer les filets de porc de chaque côté, jusqu'à ce qu'ils obtiennent une belle coloration.
4. Badigeonner chaque filet avec un peu de sauce aux épices et les déposer dans un plat allant au four. Cuire de 15 à 20 minutes.
5. Dans une petite casserole, faire chauffer le reste de la sauce avec 60 ml (¼ tasse) d'eau à feu doux et laisser mijoter environ 10 min.
6. Retirer le porc du four et laisser reposer quelques minutes. Trancher finement chaque filet, servir sur un lit de riz et arroser d'un filet de sauce.

Porc laqué
Portions : 4

2 à 4 c. à soupe de sauce soja
3 à 4 c. à soupe de miel liquide
2 c. à café de sauce hoisin (facultatif)
1 c. à café de poudre de cinq-épices
1 kg (2,5 lb) de poitrine de porc
2 c. à soupe d'huile d'arachide
Eau
Sel et poivre, au goût

1. Dans un grand bol, fouetter ensemble la sauce soja, la moitié du miel, la sauce hoisin et la poudre de cinq-épices. Saler et poivrer. Transvider la marinade dans un sac hermétique, déposer la poitrine de porc dans la marinade. Laisser mariner au moins 2 h.
2. Préchauffer le four à 180 °C (350 °F).
3. Faire chauffer l'huile dans un poêlon. Faire colorer le porc environ 2 min de chaque côté. Mettre le porc dans un plat allant au four et arroser d'un verre d'eau. Cuire de 50 à 60 min en badigeonnant la viande avec le reste de la marinade à 3 ou 4 reprises pendant la cuisson.
4. Au moment de servir, trancher finement la viande et servir sur un lit de riz basmati et napper d'un filet de miel.

Tajine de mouton au miel et aux abricots
Portions : 4 à 6

1 c. à soupe de coriandre fraîche
1 grosse pincée de gingembre moulu
1 grosse pincée de safran
1 grosse pincée de cannelle moulue
1,5 kg (3 ½ lb) d'épaule de mouton (ou d'agneau), en gros cubes
60 ml (¼ tasse) d'huile d'olive
2 oignons, hachés finement
1 c. à café de poivre
Sel, au goût
750 ml (3 tasses) d'eau
1 c. à soupe de miel
165 g (1 tasse) d'abricots séchés

1. Préchauffer le four à 180 °C (350 °F).
2. Dans un grand bol, mélanger les épices avec un filet d'eau jusqu'à l'obtention d'une pâte homogène. Ajouter les cubes de viande et bien mélanger pour les recouvrir entièrement de pâte d'épices.
3. Dans une poêle, faire chauffer l'huile à feu moyen-vif. Ajouter les oignons et les cubes de viande et faire dorer de tous les côtés. Saler et poivrer. Déposer la viande dans un plat allant au four et ajouter l'eau. Couvrir et laisser cuire pendant 1 h.
4. Ajouter le miel et les abricots et cuire à découvert encore 30 min ou jusqu'à ce que la sauce soit presque complètement réduite.
5. Servir avec du couscous.

Variantes : Remplacer les abricots par la même quantité de dattes ou de raisins secs.

Magret de canard aux pêches et au miel
Préparation : 20 min
Cuisson : 12 min
Portions : 4

2 magrets de canard
2 c. à soupe de vinaigre de cidre
1 c. à soupe de miel
1 c. à café d'origan séché
1 pincée de cumin
3 à 4 pêches bien mûres, pelées et coupées en deux
Sel et poivre

1. Dans une poêle chaude, déposer les magrets sur le côté peau et cuire à feu vif de 7 à 8 min. Retourner et cuire de 3 à 4 min supplémentaires. Saler et poivrer. Réserver au chaud.

2. Déglacer la poêle avec le vinaigre et le miel (s'il manque de liquide, ajouter un peu d'eau ou de vinaigre). Ajouter l'origan et le cumin et mélanger. Ajouter les pêches et les colorer quelques minutes à feu vif en remuant régulièrement.

3. Découper les magrets en fines tranches et les disposer dans un plat de service. Arroser d'un filet de sauce, garnir de pêches et servir.

Nouilles chinoises au poulet, au gingembre et au miel
Préparation : 5 min
Cuisson : 15 min
Portions : 4

1 paquet de nouilles de riz
2 c. à soupe d'huile de sésame
450 g (1 lb) de poitrines de poulet, en lanières
1 gousse d'ail, hachée
2 c. à soupe de miel
1 c. à soupe de sucre glace
60 ml (¼ tasse) de vinaigre balsamique
1 pincée de gingembre moulu
2 oignons verts, ciselés (facultatif)

1. Cuire les nouilles dans une casserole d'eau bouillante. Réserver au chaud.
2. Dans une poêle, chauffer 1 c. à soupe d'huile de sésame à feu moyen-vif. Ajouter le poulet et l'ail, et cuire environ 10 min en remuant.
3. Dans un bol, mélanger le miel, le sucre, le vinaigre balsamique et le reste de l'huile de sésame. Verser la sauce sur le poulet, saupoudrer de gingembre et laisser mijoter pendant 5 min.
4. Servir sur un lit de nouilles et parsemer d'oignons verts, au goût.

Variante : Remplacer les lanières de poulet par la même quantité de lanières de bœuf.

Saumon au miel et à la moutarde
Cuisson : 10 min
Portions : 4

1 filet de saumon d'environ 675 g (1 ½ lb), coupé en 4
20 g (½ tasse) de ciboulette, hachée finement
2 gousses d'ail, hachées
60 ml (¼ tasse) d'huile d'olive
3 c. à soupe de miel
3 c. à soupe de moutarde de Dijon
60 ml (¼ tasse) de jus de citron

1. Préchauffer le four à 200 °C (400 °F).
2. Dans un petit bol, mélanger la ciboulette, l'ail, l'huile d'olive, le miel, la moutarde et le jus de citron. Saler et poivrer.
3. Déposer les filets de saumon dans un grand sac hermétique. Verser la marinade dans le sac et laisser reposer au réfrigérateur 15 à 20 min.
4. Retirer les filets de saumon de la marinade et les déposer sur une plaque de cuisson. Cuire environ 10 min ou jusqu'à ce que le poisson se défasse à la fourchette.

Barres de céréales au miel, aux amandes et au chocolat
Préparation : 10 min
Cuisson : 50 min
Portions : 8 à 10

200 ml (¾ tasse) de miel
150 g (¾ tasse) de sucre
200 g (1 tasse) de beurre d'amande
120 g (4 tasses) de céréales de riz (de type Rice Krispies)
340 g (12 oz) de pépites de chocolat mi-sucré
30 g (⅓ tasse) d'amandes hachées (ou d'autres noix)

1. Dans une grande casserole, faire fondre le miel et le sucre à feu doux. Incorporer le beurre d'amande et les céréales, et bien mélanger. Étendre la préparation dans un moule préalablement beurré.
2. Faire fondre le chocolat au bain-marie. Verser une généreuse couche de chocolat sur le mélange de céréales et parsemer d'amandes hachées.
3. Laisser refroidir et couper en rectangles.

Variante : Remplacer le beurre d'amande par du beurre d'arachide.

Pain d'épices au miel

Préparation : 10 min

Cuisson : 30 à 40 min

Portions : 6 à 8

250 ml (1 tasse) de miel
250 g (1 tasse) de yogourt nature
1 œuf battu
300 g (2 ⅓ tasses) de farine tout usage
2 c. à café de levure chimique
1 ½ c. à café de gingembre moulu
1 c. à café de cannelle moulue
1/2 c. à café de sel
50 g (¼ tasse) de graisse végétale fondue

1. Préchauffer le four à 180 °C (350 °F).
2. Dans un grand bol, mélanger le miel, le yogourt et l'œuf battu.
3. Dans un autre bol, tamiser les ingrédients secs. Les incorporer graduellement au mélange de miel. Ajouter la graisse fondue et bien battre le tout. Verser le mélange dans un moule à pain graissé et fariné.
4. Cuire au four pendant 30 à 40 min ou jusqu'à ce que la pointe d'un couteau inséré dans le pain en ressorte propre.

Poires au miel
Préparation : 10 min
Cuisson : 20 min
Portions : 4

4 poires bien fermes, pelées et évidées
1 c. à café de cannelle moulue (ou de cardamome)
4 c. à café de sucre brun
4 c. à café de miel liquide
4 c. à café de raisins secs (facultatif)

1. Préchauffer le four à 180 °C (350 °F).
2. Dans un bol, mélanger la cannelle et le sucre brun.
3. Remplir la cavité de chaque poire de miel et ajouter 1 c. à café de raisins secs. Placer les poires, face coupée vers le haut, sur une plaque à biscuits.
4. Saupoudrer du mélange de cannelle et de sucre brun, et cuire au four de 25 à 30 min ou jusqu'à ce que les poires soient tendres.
5. Laisser refroidir avant de servir.

Choisir son miel

Attention aux mentions « miel naturel », « non chauffé », « garanti pur », « récolté à froid », etc. Elles sont légalement interdites. Au Canada et en France, le terme « miel » devrait être suffisant pour garantir la qualité du produit. L'étiquette doit toutefois mentionner le nom du pays producteur et l'origine florale du miel. ◆

Le langage

du miel

« L'abeille qui reste au nid n'amasse pas de miel. »

Proverbe québécois

La douceur et la valeur du miel apparaissent dans plusieurs expressions. D'où viennent-elles, et quelle est leur signification ? Quelques explications.

LES EXPRESSIONS MIELLEUSES...

« Être tout sucre et tout miel »

Cette expression signifie « parler agréablement, se donner une apparence de douceur, être d'une affabilité hypocrite ». On l'utilise lorsqu'on soupçonne une personne qui se montre extrêmement gentille de cacher un caractère ou des intentions contraires. On pourrait la remplacer par l'adjectif « mielleux ».

L'expression remonte au XVIIᵉ siècle. À l'époque, le miel était rare et réservé aux riches. On s'approvisionnait uniquement auprès des apothicaires, les ancêtres de nos pharmaciens. Le miel était considéré comme un symbole de douceur. Le sucre, lui, était associé à la suavité et à la tendresse.

« Faire son miel de... »

Cette expression signifie « profiter d'une situation » et, par extension, « se servir des matériaux ou des documents que l'on a amassés ».

Née au XVIᵉ siècle, elle serait basée sur l'image comparative des abeilles qui exploitent des fleurs, prenant leur nectar et leur miel pour se nourrir et fabriquer leur nid, alors qu'elles ne leur appartiennent pas. « Il ressemble à l'abeille, laquelle tire son profit de toutes fleurs pour en faire son miel. » (Amadis Jamyn, XVIᵉ siècle)

« Lune de miel »

Cette expression désigne le voyage de noces et les premier temps du mariage. On l'emploie également pour parler des premiers jours ou des premiers mois positifs d'une association ou d'un gouvernement.

Plusieurs histoires semblent expliquer l'origine de cette douce expression, qui remonterait à plus de quatre millénaires. Dans la tradition babylonienne, lors du mariage, on fêtait la lune de miel en buvant de l'hydromel. (D'autres versions parlent de *mead*, une bière à base de miel.) Le père de la mariée offrait à son gendre, quotidiennement pendant un mois, un verre de cette boisson. L'hydromel devait rendre l'homme vigoureux et assurer la fertilité du couple. On appelait alors le premier mois du mariage, correspondant à un cycle lunaire (d'où l'emploi du mot «lune»), le «mois de miel».

La tradition s'est perpétuée jusqu'au Moyen Âge, chez la noblesse scandinave et anglo-saxonne. Les jeunes mariés consommaient de l'hydromel durant 28 jours, soit l'équivalent d'un cycle lunaire ou d'un cycle menstruel de la femme. La boisson devait leur assurer la naissance d'un garçon.

Dans les pays arabes, la lune de miel serait une métaphore, la lune étant la force de l'homme, et le miel, la douceur de la femme. L'expression remonterait à la période des *Mille et une nuits*.

D'autres attribuent l'expression à Voltaire. Dans son roman *Zadig*, l'auteur l'emploie pour désigner la première partie du mariage de son personnage.

Quant à l'expression «partir en lune de miel», elle daterait de 1522 et ferait référence à la tradition babylonienne.

« Paroles de miel »

Les paroles trop douces cachent souvent des sentiments hostiles ou l'aigreur du cœur. On peut en déduire qu'il faut se méfier des beaux parleurs. Voilà le sens de cette expression.

Elle est attribuée à Plaute (Titus Maccius Plautus), un auteur comique né vers 254 av. J.-C. en Italie. Chez les descendants du philosophe chinois Confucius de même que chez ceux du Gaulois Vercingétorix, on utilisait la métaphore du miel pour parler d'un discours tout en douceur visant à faire fondre de plaisir son auditoire. Mais le miel de la bouche cache souvent des intentions moins agréables...

LES PROVERBES ET LES DICTONS ASSOCIÉS AU MIEL

«Celui qui veut du miel doit avoir le courage d'affronter les abeilles.»
Proverbe sénégalais. Pour atteindre ses buts, il faut savoir estimer ses capacités et son endurance, parce qu'il faudra peut-être subir quelques piqûres (affronter des obstacles) pour y arriver !

«Il faut connaître le goût du vinaigre pour apprécier le miel.»
Proverbe arabe qui veut dire que «le luxe n'est rien s'il n'y a pas de faire valoir». Il a inspiré les rappeurs français Médine et La Fouine ainsi que le scénariste du film *Vanilla Sky* qui y font référence dans leurs œuvres.

«L'abeille qui reste au nid n'amasse pas de miel.»
Une personne qui ne travaille pas ne réalise guère de profit. Ce proverbe québécois est l'opposé du proverbe français «pierre qui roule n'amasse pas mousse», qui veut dire qu'à trop changer d'occupation, on ne s'enrichit guère. Le proverbe québécois encourage plutôt à aller voir ce qui se passe ailleurs, à sortir de sa petite routine et à s'ouvrir au monde.

«L'abeille voit sa ruche avant de produire le miel.»
Proverbe ngambaye. Il faut mesurer ses forces avant d'entreprendre quelque chose.

«La nourriture de l'abeille se tourne en miel et celle de l'araignée en poison.»
Proverbe espagnol. Celui qui bosse dur produit des choses bien, celui qui attend que ça lui tombe tout cuit dans le bec est mauvais.

« **Le miel est doux, mais l'abeille pique.** »
Proverbe du nord de la Méditerranée. Il faut parfois souffrir pour profiter d'un plaisir.

« **Le miel fait sortir le serpent de son trou.** »
Selon ce proverbe, avec la douceur et la promesse d'un plaisir certain, on attire les personnalités les plus difficiles. On voit aussi cette version : « Les douces paroles font sortir le serpent de son trou. »

« **Miel à la bouche, dard à la queue.** »
Proverbe malais préconisant de faire attention à celui qui tient un beau discours, car c'est souvent un trompeur qui ne cherche qu'à appâter sa victime.

« **Miel sur la bouche, fiel sur le cœur.** »
Proverbe français. Il existe aussi une version touareg de ce proverbe : « Bouche de miel, cœur de fiel », qui signifie que la douceur des mots peut voiler l'aigreur de ce qui se trouve dans le cœur. Celui qui parle doucement peut cacher de mauvaises intentions.

« **On ne peut pas avoir les mains dans le miel et ne pas se lécher les doigts.** »
Proverbe roumain. Une autre version dit : « Qui manie le miel s'en lèche les doigts. » Autrement dit, qui manie de l'argent est tenté par celui-ci.

« On prend plus de mouches avec le (du) miel qu'avec le (du) vinaigre. »
Selon ce dicton, on n'obtient rien de personne par la force, ou on a plus de chance, d'avoir ce que l'on veut et de se faire obéir en demandant gentiment. Dans le monde du travail, cette phrase exprime l'idée que le succès s'obtient plus facilement par la douceur que par l'agressivité.

Ce dicton daterait du début du XVIIIe siècle et viendrait d'une métaphore ayant pour fondement la nature. La mouche semble faire instinctivement la différence entre les bonnes et les mauvaises choses. Ainsi, elle se posera plus facilement sur un pot de miel que sur une assiette de vinaigre. Pour l'attirer, il vaut mieux laisser traîner une douceur.

« Où il y a des abeilles, il y aura du miel. »
Proverbe anglais. Se dit du succès que le travail doit amener.

« Où le miel est répandu, les mouches se rassemblent. »
Ce proverbe signifie que les bonnes choses attirent la convoitise de tout le monde.

« Quand tu lances la flèche de la vérité, trempe toujours la pointe dans du miel. »
Proverbe arabe. Sa signification est non équivoque : « La manière de dire les choses compte autant que ce que l'on dit. » Ainsi, il vaut parfois mieux édulcorer un peu ses paroles ou même se taire, toute vérité n'étant pas bonne à dire.

« **Si ton ami est de miel, ne le mange pas tout entier.** »
Proverbe arabe. Il ne faut pas abuser d'un bon ami, nous dit ce
proverbe qui peut aussi signifier ceci : il ne faut pas abuser des
bonnes choses de la vie !

« **Une seule abeille ne fait pas le miel.** »
Proverbe berbère qui illustre que, dans certaines situations, on a
besoin de l'aide des autres pour arriver à quelque chose.

Les abeilles,

une richesse à préserver

«Si l'abeille disparaissait de la surface du globe, l'homme n'aurait plus que quatre années à vivre.»

Albert Einstein

SANS L'ABEILLE...

... pas de miel, mais surtout des dizaines d'espèces végétales et animales disparaîtraient. Et que de tables dégarnies !

Plus grandes pollinisatrices du monde, les abeilles sont responsables de la fécondation de plus de 70 des 100 espèces végétales qui fournissent 90 % de la nourriture dans le monde, selon le Programme des Nations Unies pour l'environnement (PNUE). Citrons, oranges, amandes, pommes, courgettes, concombres, melons, pastèques n'existeraient pas sans elles. Malheureusement, les populations d'abeilles semblent être en baisse. Parmi les facteurs en cause : la perte de biodiversité végétale, les parasites et les insecticides. Des chercheurs ont prouvé que l'exposition aux insecticides nuisait aux abeilles ; à leur contact, elles perdraient le sens de l'olfaction, éprouveraient de la difficulté à s'orienter et auraient du mal à revenir à la ruche.

De grandes bénévoles
Jusqu'à un tiers de la production alimentaire dans le monde dépend des abeilles, une contribution « bénévole » évaluée à 15 milliards de dollars par le ministère américain de l'Agriculture. ◆

Si les abeilles venaient à disparaître, les agriculteurs auraient de sérieux problèmes d'adaptation, le consommateur paierait plus cher sa nourriture et certains aliments deviendraient introuvables. Déjà, dans certaines régions, dont la Californie, des producteurs maraîchers doivent payer les services d'un apiculteur pour assurer la pollinisation de leurs cultures.

LE DÉCLIN DES POPULATIONS D'ABEILLES

Les populations d'abeilles déclinent depuis les années 1960, mais le phénomène semble s'être amplifié au cours des 30 dernières années. Puis, le « syndrome de l'effondrement des colonies » a frappé. Rapporté à l'automne 2006 aux États-Unis, le problème a ensuite été soulevé par les apiculteurs canadiens, européens et asiatiques, jusqu'à Taiwan. En quelques mois, de 60 à 90 % des abeilles se sont volatilisées aux États-Unis. Au Québec, 40 % des ruches sont portées manquantes. En France, où les apiculteurs ont perdu de 300 000 à 400 000 abeilles par année depuis 1995, les pertes vont de 15 à 95 %, selon les cheptels. Après une accalmie, le syndrome est réapparu en 2010.

Le principal symptôme est le même partout : les abeilles désertent la ruche. Elles la quittent et n'y reviennent tout simplement plus. Comme on ne trouve pas d'autres ruches dans les environs, on suppose qu'elles n'ont pas élu domicile ailleurs et qu'elles sont malheureusement mortes. Le problème est que les corps sont rares à proximité de la ruche déserte. Sans cadavres à examiner, le travail des scientifiques chargés de trouver la cause de cette baisse de population est plus compliqué. La communauté scientifique cherche donc toujours à expliquer le phénomène. Parmi les hypothèses, on note une attaque conjointe d'un virus et d'un champignon, mais on ignore lequel frappe en premier.

En 2007, des chercheurs américains ont trouvé un début d'explication au « syndrome de l'effondrement des colonies », en identifiant le génome du virus IAPV (*Israeli acute paralytic virus*) chez un certain nombre d'abeilles mortes. Ce même virus a été associé à la paralysie d'un grand nombre d'abeilles israéliennes en 2004. Comme ce virus était présent aux États-Unis même avant la crise, un chercheur du Montana a avancé l'hypothèse d'une association avec un second virus, soit le virus IIV (*invertebrate iridescent virus*), et avec le champignon *Nosema*. Les deux se multiplient à des températures plus froides et à l'intérieur de l'estomac de l'abeille, ce qui pourrait laisser croire à une réduction de sa capacité à s'alimenter.

LES DANGERS QUI GUETTENT LES ABEILLES

Les abeilles pourraient aussi être victimes de maladies ou de parasites, comme le varroa, un acarien qui se nourrit de leur sang. Ce parasite serait la première cause de mortalité de l'*Apis mellifera* dans le monde. Originaire de l'Asie du Sud-Est, le varroa est apparu aux États-Unis en 1987. Les apiculteurs l'ont tenu éloigné des ruches à l'aide de pesticides, jusqu'à ce qu'il développe une résistance aux deux principaux pesticides autorisés sur le marché. En Europe, le parasite, arrivé en 1982, semble sous contrôle.

Les abeilles sont susceptibles d'être victimes d'autres maladies qui expliquent la diminution des populations. Le bacille de la loque s'attaque au couvain des membres de la famille *Apis*, ce qui inclut notre abeille *Apis melliféra*, et le détruit. La dysenterie est provoquée, entre autres, par l'humidité, la mauvaise aération de la ruche (courants d'air mal obstrués par les abeilles) ou une mauvaise alimentation (trop de miellat, miel trop liquide). Les abeilles défèquent alors dans la ruche et souillent les cadres, répandant ainsi la maladie parasitaire et rendant leurs congénères malades.

Autre ennemi des abeilles, les papillons de la teigne, qui pondent leurs œufs dans les rayons des ruches. Leurs chenilles perforent les alvéoles, détruisent l'essaim et font fuir les abeilles. Le frelon asiatique ou *Vespa velutina*, originaire de la Chine, est susceptible d'attaquer les abeilles butineuses, surtout lorsqu'elles sont seules. Le philanthe apivore, ou mangeur d'abeilles, est une guêpe solitaire qui capture les abeilles et les tue d'un coup d'aiguillon sous la gorge. Les araignées apprécient également les abeilles.

Les oiseaux font pour leur part bien des dégâts, notamment les hirondelles qui chassent près des ruches. Quant aux pics, ils peuvent percer les ruches et prélever les abeilles hivernantes. Les souris se faufilent dans les ruches, mangent la cire et le miel et détruisent les rayons pour construire leur nid.

L'HUMAIN, UN ENNEMI IMPORTANT

Les hommes sont probablement les grands responsables de la disparition des abeilles, en raison, notamment, de la surexploitation industrielle de la nature et de l'ajout inconsidéré de produits chimiques dans les activités agricoles. À eux seuls, les pesticides représenteraient un danger plus grand pour la ruche que les microbes, les virus et les mellivores classiques combinés.

Pendant des années, les apiculteurs ont décrié les pesticides et les insecticides utilisés dans les champs, notamment le Gaucho ou le Régent. Pourtant, même cinq ans après leur interdiction en France, les populations d'abeilles continuaient de diminuer.

Le Programme des Nations Unies pour l'environnement (PNUE) montre du doigt une douzaine de facteurs liés aux activités humaines pour expliquer la diminution du nombre de colonies d'abeilles, parmi lesquels figurent :

- la diminution des plantes à fleurs : environ 20 000 espèces qui servent de nourriture aux abeilles pourraient disparaître dans les prochaines décennies ;
- l'utilisation croissante des produits chimiques dans l'agriculture : les fongicides, herbicides et insecticides combinés peuvent s'avérer 1000 fois plus toxiques pour les abeilles ;
- la pollution de l'air : elle nuit à la capacité des abeilles à trouver ou à retrouver leur nourriture ;
- les champs électromagnétiques : ils peuvent affecter le comportement des insectes ;
- les parasites et les ravageurs déplacés par l'activité humaine (projets de construction dans leurs habitats naturels, par exemple) ;
- la concurrence des espèces exotiques, comme les abeilles africanisées aux États-Unis ou le frelon asiatique en Europe, souvent importés avec des marchandises ;
- les changements climatiques : ils pourraient aggraver la situation en modifiant, par exemple, les périodes de floraison des plantes et de précipitations.

DES PETITS GESTES POUR LA SAUVEGARDE DES ABEILLES

Plusieurs gestes simples, faits au quotidien et par le plus grand nombre, peuvent faciliter la vie des abeilles. Voici quelques exemples.

- Acheter des fruits et des légumes produits localement par des agriculteurs respectueux des cultures.
- Laisser pousser les mauvaises herbes, surtout le trèfle et les pissenlits.
- Acheter du miel obtenu d'apiculteurs qui ne tuent pas les abeilles à la fin de chaque saison. Ne pas hésiter à poser la question au producteur au moment de l'achat.
- Ne pas tuer les abeilles! Quand on se sent incommodé, choisir plutôt de s'éloigner doucement du jardin.

DES TRUCS POUR TENIR LES ABEILLES À DISTANCE

Les abeilles sont moins gênantes que les guêpes dans un jardin, mais si elles vous importunent, ces quelques trucs peuvent vous aider à les éloigner.

- Utiliser le clou de girofle comme répulsif naturel. Déposer quelques clous dans les endroits où les abeilles ont tendance à flâner un peu trop longtemps. On peut également faire un pot-pourri avec du clou de girofle et de la citronnelle ; l'odeur de la citronnelle leur déplaît particulièrement.
- Planter des géraniums, en particulier le géranium rosat. Cette plante dégage une odeur que les abeilles n'aiment pas du tout et qui se rapproche de celle de la citronnelle.
- Faire de la fumée. Ce vieux truc est toujours très efficace pour éloigner les abeilles. Remplir tout simplement un pot (ou une chaudière) de sable et y piquer de petits bouts de bois enflam-

més. Laisser le pot fumant dans la partie du jardin où les abeilles sont très nombreuses. Elles s'éloigneront rapidement.

DES TRUCS POUR INVITER LES ABEILLES À BUTINER CHEZ SOI

♦ Multiplier les boîtes à fleurs et laisser des fleurs sauvages pousser le long des clôtures et des fossés.

♦ Laisser traîner au soleil des buches de bois. Les abeilles aiment y pondre. On peut leur faciliter le travail en perçant les buches de petits trous d'au moins 3 cm de profondeur. Lorsque les ouvertures sont recouvertes d'une sorte de glaise, c'est signe que l'opération séduction a fonctionné!

Pour en savoir plus

Publications

CLÉMENT, Henri. *Guide des miels, 40 miels à découvrir*, Paris, Rustica, 2002.

GIRARD-LAGORCE, Sylvie. *Le miel, un livre gourmand*, Genève, Minerva, 2005.

MARCHENAY, Philippe et Laurence BÉRARD. *L'homme, l'abeille et le miel*, Sayat (France), De Borée, 2007.

RAYNAL-CARTABAS, Claudette. *Guérir avec les abeilles : apithérapie et médecine chinoise*, Paris, Guy Trédaniel Éditeur, 2009.

RIO, Bernard. *Le miel et l'abeille*, Paris, Éditions du Dauphin, 2004.

Sites Internet

Association francophone d'apithérapie :
apitherapiefrancophone. com

Fédération des apiculteurs du Québec :
apiculteursduquebec.com

Guide du Miel :
guidedumiel.com

L'Abeille de France :
labeilledefrance.com

Ma pharmacie naturelle, les thérapeutiques naturelles du Dr Yves Donadieu :
01santé.com

Table des matières

À propos de l'auteur :
Diplômée en journalisme, Catherine Crépeau a été rédactrice au Réseau de l'information (RDI), journaliste et chef de pupitre à *L'actualité médicale*. Édimestre de ServiceVie pendant plusieurs années, elle se passionne pour la recherche et œuvre comme journaliste spécialisée en santé pour de multiples publications.

Dans la même collection :
Les vertus miraculeuses des agrumes

Suivez-nous sur le Web

Consultez nos sites Internet et inscrivez-vous à l'infolettre pour rester informé en tout temps de nos publications et de nos concours en ligne. Et croisez aussi vos auteurs préférés et notre équipe sur nos blogues !

EDITIONS-HOMME.COM
EDITIONS-JOUR.COM
EDITIONS-PETITHOMME.COM
EDITIONS-LAGRIFFE.COM

Achevé d'imprimer au Canada
sur papier Enviro 100 % recyclé